快时代慢思考

李响 著

！结构化批判性思维训练

南京大学出版社

序 一

本书作者李响是南京大学1991届数量经济专业本科毕业生,当时我担任经济学系主任。这一班学生都很优秀,好多学生毕业后成长为成功的投资家、企业家。李响就是其中的一位。

李响一直从事金融行业的工作,做过投资,也做过管理。对于一个整日里面对金钱涨落、整日里做着业务经营和团队管理等具体事务的商界人士来说,能牺牲休息和娱乐的时间,静下心来,读一些书,做一些思考,并试图形成自己的理论框架,这本身就是一件非常值得肯定的事。正因为如此,我非常愿意为校友的研究成果作序。

本书的书名《快时代 慢思考》很有哲理。我们所处的时代确实是快时代,科技日新月异,市场千变万化。敢冒风险，敢于创新的投资家、企业家身处这种快时代，需要抓住稍纵即逝的发展机遇。这就是快。另一方面又需要慢思考。原因是快时代伴有的风险无所不在。既有自身原因造成的风险，如对市场判断失误造成的投资风险；又有难以预测的客观的风险，如市场风险，宏观风险，还有国际市场的风险。投资家、企业家对形势和风险的误判所产生的损失是难以估量的，甚至是毁灭性的。正因为如此，本书提出了慢思考问题。也就是不要盲目地快决策，需要在准确判断形势和风险的基础上做出科学的决策。在经济学上就有对市场宏观经济的适应性预期和理性预期的思考问题。

慢思考就需要科学的思维方法。习近平总书记提出系统思维和底线思维的思想方法，对寻求科学的思维方法有明确的指导意义。本书的作者基于其长期从事商业决策的实践，试图将结构化思维与批判性思维相结合，创造出一个"结构化批判性思维"的概念。结构化思维是一种非常具有实用价值的思维方式。结构化思维在运用中有时被混同为可视化思维。现在有大量讲授思维导图的出版物，也有很多软件商开发了多种思维导图工具，严格地讲，这些都只能算得上是思维可视化而不是思维结构化。无论是可视化思维还是非可视化思维，只有当其符合某些基本原则时，才能将其称为结构化思维。结构化思维的最基本的原则是 MECE，即各部分之间相互独立，相互排斥，没有重叠；所有部分完全穷尽，没有遗漏。当我们的思考和表达符合 MECE 原则时，我们的思考质量就高，我们的表达就清晰、不容易被误解和易于被接受。当历史悠久的批判性思维与历史短暂的结构化思维相结合时，一种类似化学反应的奇妙效果产生了，就如同 3 乘以 3 等于 9——批判性思维的高度、广度和深度都得到倍增。当人们具备了结构化思维的理念和方法，就能提升其批判性思维在实践中运用的能力；而当人们具备了批判性思维的理念和方法，也必然会提升其思维结构化的能力。两者确实是相辅相成的。

结构化批判性思维实际上是我们深入思考问题的基本理念和基本技能。如果我们没有结构化批判性思维的理念和技能，那么面对名家文章、视频中激动人心的观点，就会在短时间里失去自我。我们只要让自己慢下来，按照本书探讨的理念和方法，对他人的论述进行分解和重构，对涉及的有关概念进行推敲，对有关描述进行核实，对有关逻辑进行补充，并且运用结构化的理念和方法拓展思考的广度和深度，我们就能做到对名家观点进行批判性思考，了解其逻辑，挖掘其隐藏假设，甚至发现其错误，这样，我们才能真正理解名家思考的精髓，避免盲从。

当今世界信息的数量之巨已经不是大海所能够形容的了。每个人都生存在被海量信息包围的世界里。表面上看人们似乎应该更容易找到世界的真相了，但实际上人们可能离真相越来越远；人们似乎应该更容易取得一致了，但实际上人们之间的分歧越来越大。这是怎么了？作者发现了这个问题，并做了深入的分析，某些结论具备一定的实用价值。

我认为，本书特别有价值的一个部分是对人们为什么不能取得一致的研究。作者把人们不能取得一致的原因归纳为两类：一类与价值观不同有关；另一类包括三个具体的技术性原因，即概念类原因、描述类原因和逻辑类原因。书中对以上导致人们难以取得共识的原因进行了深入的分析，具有一定的实用价值。现实中我们经常需要影响他人、说服他人，我们经常为不能说服他人而感到沮丧和困惑。"我指出的事实是如此清晰，逻辑是如此有力，而他竟然还固执己见、执迷不悟？"遇到这种情况，沮丧和气愤是没有用的，我们需要从价值观、概念、描述和逻辑等各个维度了解双方的分歧所在。不得不说，这为人们寻求共识提供了一个具体的方法论。

总的来说，阅读本书可以教人们理性思考，提升思维能力。我鼓励作者的这种努力。是为序。

洪银兴

（南京大学人文社科资深教授，
博士生导师，南京大学原党委书记）

2020年12月于南京大学

序 二

二千多年来，人类对世界的认识不断深化，逐渐形成了哲学上的认识论和思维科学。虽然哲学家们的世界观有着巨大差异，但是在方法论层面存在大量共识，而批判性思维则是诸多哲学家在方法论层面形成的重要共识。无论哲学家们对世界本原的假设是什么，大家都愈发认可采用批判性思维这套思维体系对世界进行认知和分析。

若想要在现实工作、生活中用好批判性思维，就需要有能力把现实世界中的众多现象提炼和抽象为概念、判断、推理和论证，但现实世界过于纷繁，因素众多，关系复杂，相互影响，不断演进，使我们在简单运用批判性思维来描述、分析现实世界时遇到巨大的困难，这可能就是批判性思维曲高和寡的原因之一。

作者李响通过大量的阅读、思考和实践，创造性地在批判性思维中加入结构化思维的元素，在发挥两种思维方式各自功能的同时，让批判性思维对现实的抽象和提炼更加简单、清晰和层次分明，也让结构化思维附着在更有深度的思考框架上。我认为，这种创造性的思维方式——结构化批判性思维可以成为普通人深度思考的简明实用的工具。

在当前信息化时代，人们的认知谬误不是更少而是更多了。一个原因是因为太"快"，我们遭遇的信息太多，花在理解每个信息上的时间太少，所以太多时候我们仓促地运用了"快思考系统"。另一个原因是，不管人们的社会地位、认知水平在什么层次上，人们都很容易在网上找到大量的与自己观点相同的人，这使得太多人高估自己清晰思考、深度思考的能力，不知道自己的思考很多时候被"快思考系统"严重影响，并低估源自慢思考能力不足的认知谬误的数量。但是即使克服了常见的认知谬误也不能保证我们能进行高效的深度思考。实际上，克服认知谬误是深度思考的必要条件而不是充分条件。如果一个所谓的深度思考充满了认知谬误，这样的思考必然毫无价值，但如果思考的结构过于简单，即使其没有认知谬误，也不能说是深度思考。那么，有没有一种思维方法，既能在一定程度上避免认知谬误，同时也能提升深度思考的能力？本书中所提出的结构化批判性思维方法就是一种积极的尝试。

我们在工作和生活中都需要逻辑清晰、层次丰富的思考，但普通教育体系中缺乏足够的课程安排和有针对性的训练，这使很多人在思考和表达方面逻辑性不够，缺乏相应的理念和技能。本书吸取了当代多种先进思维理论的精髓，以通俗的语言、生动的案例，展现了结构化批判性思维在克服认知谬误、深度思考方面的实际运用。我认为本书可作为社会各界各级管理人员和员工的通用思维培训参考书，帮助人们在短时间内快速提升思维技能。尤为重要的是，如果一个团队都掌握这种思维工具，大家就会有"共同知识"，必将提升内部沟通效率，并产生较个体思维有质量得多的群体思维效果。因此，我很愿意向大家推荐这本书。

李格平

（中信建投证券股份有限公司总裁）

序 三

近两年，资本市场的很多朋友都不约而同地感慨：现在的市场真是越来越看不懂了。究其本质，是因为全球的经济体系、社会结构和竞争格局正在发生剧烈变化。危机频发，是我们这一代人和未来子孙们无法摆脱的宿命。

面对如此充满不确定性的汪洋大海，小到一个人、一个家庭，大到一个组织、一个国家，如何从中控制风险把握机会，从而穿越迷雾抵达彼岸？我认为，这本书可以给到你一些想要的答案。

本书名称《快时代 慢思考》，作者通过深入浅出的文字和丰富翔实的案例，巧妙地将人类至关重要的两大思维——批判性思维和结构化思维融为一体。本书不仅可以帮助你有效提升思维的高度、广度和深度，从而更好地洞察当下，而且针对当前信息泛滥、结构复杂的快时代社会，为你提供了极具应用价值的多种解决方案。

历史告诉我们，人类终将战胜每一次危机，而其中的法宝正是本书所阐述的——深度思考能力。相信本书可以为你提供应对未来社会所需的两大特质：一是在纷繁芜杂的迷雾中仍能发出内在微光以照亮真理的智力，二是敢于跟随这种微光继续前进的勇气。

徐 刚

2021 年 3 月于北京

序 四

如今全球大势瞬息万变,日新月异的科技进程推动着人类认知的无限扩充。然而大道尚简,如何于"快"中取"慢""繁"中解"简",是人们所面临的当务之急。人观物,格物以致知,此为古人认知的办法,但在当代社会信息浪潮之下,显然是无法进行的,现在人们迫切需要的,是将一切所观、所得的信息,以最为纯粹理性的模式进行汇总与校正,让滚滚而来的信息洪流依照规律分川纳水,逐步融入自我的认知之中。而结构化与批判性思维,便是其中的梳理方法,也正是本书想要教给读者构建认知的关键。

(江苏乾融集团有限公司董事长)

2021 年 3 月于苏州

目 录

引言 快时代更要慢思考，
我们要用结构化批判性思维来提升思维质量   001

第一章 认知谬误的根源   009
    一 人类的认知谬误主要存在于哪几个场景？   011
    二 什么是快思考与慢思考？   013
    三 认知谬误的根源是什么？   021

第二章 思维可视化是结构化批判性思维的基础   043
    一 什么是思维可视化？   045
    二 为什么要思维可视化？   057
    三 为什么要对可视化思维进行结构化处理？   060

第三章　我们用结构化思维来厘清他人和自己的思维　063

　　一　什么是思维结构化？　065

　　二　思维结构化要遵循哪些基本原则？　078

　　三　有哪几种常用的思维结构？　081

　　四　我们如何进行思维结构化？　084

第四章　结构化批判性思维使批判性思维更易实用　095

　　一　什么是批判性思维和结构化批判性思维？　097

　　二　批判性思维有哪些基本概念？　099

　　三　结构化的演绎论证是什么样的？　125

　　四　结构化的非演绎论证是什么样的？　151

　　五　结构化的推理是什么样的？　172

第五章　结构化批判性思维有助于进行深度思考　195

　　一　统计谬误——用数据说话难道不对吗？　197

　　二　认知谬误有规律可循吗？　208

　　三　你知道质疑和攻击的区别吗？　234

  四 人们在哪些情况下不能取得共识？ 246

  五 一般我们用哪些步骤来进行结构化批判性思考？ 265

第六章 结构化批判性思维可以应用在四个重要场景 271

  一 面对静态的有观点信息时的结构化

    批判性思维训练 275

  二 面对静态的无观点信息时的结构化

    批判性思维训练 282

  三 多人交流时的结构化批判性思维训练 289

  四 面对问题独立思考时的结构化批判性思维训练 303

尾声 结构化批判性思维有助于提升创造力 315

结 语 328

参考书目 330

引言　快时代更要慢思考，我们要用结构化批判性思维来提升思维质量

笔者在写作本书的过程中，正逢新冠肺炎肆虐全球，与狡猾凶残的病毒相伴随的，是铺天盖地、林林总总、观点迥异的海量信息。我们每一个人都被裹挟其中，不由自主地在纷繁的信息中有意无意地做出自己的分析、判断和选择。很多人发现，我们的朋友圈撕裂了，被多年的好友拉黑了……

这是一个快时代。

得益于先进的移动互联技术，自媒体横行，泛滥的信息中充斥着谣言、妄断、谩骂、情绪宣泄等各种各样的低质量信息。与此同时，人们的生活、工作节奏很快，时间极度碎片

化,信息量大幅增加与阅读、分析每个信息的时间大幅减少之间的矛盾日益尖锐,人们的思考质量显著下降。

要解决这个矛盾,一方面要倡导"快时代更需要慢思考"的理念,另一方面需要运用有效的方法。

高效地在海量的信息中去伪存真、沙里淘金,过滤和提炼出真正有价值的东西,是这个快时代的人们最需要培养的能力,而培养这种能力的高效方法就是学会运用结构化批判性思维。

我们先从人们观点不一致谈起——这在新冠疫情中表现得淋漓尽致。

现实中经常出现所谓的高手之间不一致的现象。比如,同为著名经济学家之间的观点尖锐对立,同为投资高手之间观点的尖锐对立,同为经营管理高手的公司高管之间的观点尖锐对立,甚至在最公正客观科学严谨的科学家之间,也存在着大量尖锐对立的观点。

我们该不该避免阳光直射?

美国疾病预防与控制中心说,太阳紫外线的照射可能是诱发皮肤癌的一个重要的因素。简单地说,就是要避免阳光直射。

但是,且慢!世界卫生组织说,在世界范围内,紫外线的照射只是诱发疾病的一个微不足道的原因,少晒太阳的人比经常晒太阳的人患病的概率会更大。

手机会不会产生有害的辐射?

国际流行病学研究所的研究人员认为,手机会产生有害的辐射这种说法没有任何根据。

但是英国的一位专家对这个问题却有着截然相反的回答。他宣称,有足够的证据可以证明,手机辐射有可能改变人体组织,对健康造成不利影响。

为什么专家、高手之间的观点会不同甚至差异很大?通过严谨的讨论,人们不一致的观点有可能趋同吗?在什么情况下人们的观点分歧可以取得一致?而在什么情况下人们的观点分歧永远不会趋同?对以上问题的研究是本书的一个重要任务,结论有较高的实用价值。

如果读者担心人们面对如此纷繁的信息会一筹莫展、莫衷一是，那笔者要告诉大家，这个担心是多余的。为什么？因为在多数情况下，人们会轻易地去站队，选择一个他喜欢的观点，这个站队或者说选择的过程往往很快，并不太费脑筋。

这就是我们要谈到的，我们在阅读他人文章或听取别人讲话时最易犯的错误：多数人接收一篇文章的观点，不是因为其逻辑，而是因为自己是否喜欢或认同其观点。不信？请快速看下面这个小例子：

- 宠物狗是动物；
- 狗是动物；
- 所以宠物狗是狗。

我们马上接受了这个结论，因为显然"宠物狗是狗"这个结论是正确的。但是如果我们把上例中第二句的"狗"换成"猫"，我们就会得出"宠物狗是猫"的结论。

在这个快时代，面对大量各种各样观点鲜明、夺人眼球的文章，我们下意识会认为一些观点正确，一些观点错误。我们一定认为自己的观点是正确的。真的是这样吗？我们做出这些判断的依据是什么？

我们特别需要提升高质量处理信息的能力。很多人似乎也学习，也可以高谈阔论，但是你仔细一听，就不禁哑然失笑，因为他们所说的都是网上的内容，而且全都摘取了与其立场一致的观点，全无自己的深入分析。这样的高谈阔论还有什么信息量呢？可以说是信息量为零。还有，当笔者看到某些阅读量巨大的雄文后面的评论，不禁感慨，有太多人的思维质量是如此之差……这些都增强了笔者写作本书的责任感。

以上是本书讨论的一个重要场景：我们应当如何处理有观点的信息。

此外，我们还会经常面临诸多不带观点的信息，比如你喜欢的球队输球了，你关注的股票价格出现了异动……此时我们需要做出自己的分析、判断或决策。在这个过程中，我们仍然会犯很多认知错误。我们应该如何做出严谨的分析？

以上两种情况涉及的信息都是静态的，即这些信息不与你进行互动。在实际中，我们还会面临动态交互的信息。

因为每个人的理性都是有限的，总是在从特定的视角看问题。要想以一己之力全面看问题，恐怕唯有上帝才能做到，所以才有"上帝视角"这个词。而现实中思维具有无限性，同一个问题从不同角度看所得认知不同。比如，某公司一直以来请员工同时做客户开发和客户服务工作，当它尝试打造专门的客户服务团队时，这可以理解为专业化分工，专注创造价值，也可以说是提升团队能力，还可以说是人力资源在更大范围的优化。不同角度看问题理解不同，表述不同。认识事物的全面性当然是我们认识的目标，但在个体身上恐怕是永远无法实现的，所以"全面"一定是在不同主体之间实现的，通过不同认知主体之间的意见争论人们才能不断接近客观和全面。人类社会在长期发展中认识到意见争论的重要性，有意识地形成了重要场景下必需的辩论机制，比如律师和法官参与的法庭辩论机制、国会的辩论机制等，这些法定的机制要求人们在特定的情况下，通过多人辩论发现事情的真相，做出正确的决定。

除了法定的多人辩论场景外，非法定的多人讨论场景更为常见，各种组织都经常开会讨论问题，这是由思维本身的无限性和个人智慧的有限性之间的矛盾决定的。

一个常见的场景是：工作中讨论问题，有时候谁也说服不了谁，怎么办？一个更具体的场景是：公司经营班子开会讨论一个问题，两个副总裁观点不一致，谁也说服不了谁。此时往往有两种结果：一是搁置，等条件成熟、取得共识后再议；二是更大的领导如董事长或总裁定一个方案。

笔者不认为这是处理观点分歧的好办法，因为它缺乏有质量的讨论过程。组织的决策都是由职位比较高的领导做出的，如果你觉得领导的决策有问题，怎么办？我们可否通过有质量的讨论来达成共识？我们该如何进行有质量的讨论？我们应该如何避免多人讨论时常见的问题？

要做到有质量地讨论问题很不容易。实际上，我们经常遇到的场景是，你说你的、我说我的，大家找不到分歧的症结在哪里，很令人着急，当然也就无法有质量地就分歧进行讨论。希望读者在阅读本书后可以有方法把问题分析清楚，并能够引导你周围的人进行高质量的讨论。

总之，在现实工作和生活中，有些问题重要程度不高，如何认知差别不大；而有些问题重要程度很高，对问题的分析判断，关乎我们的重大决策，由之引起的后果，对小到职务晋升、投资成败，大到个人生命、民族存亡产生重大影响。所以，我们太需要提升思维能力了。

笔者认为，批判性思维和结构化思维都是最基本的思维方式，研究论述这两种思维方式的著作汗牛充栋，但当下缺乏将这两种基础思维方式相结合的研究。笔者不避折足之讥，做了将批判性思维与结构化思维相结合的尝试研究，并将这种似旧实新的思维方式命名为结构化批判性思维。笔者一边研究，一边实践，深感结构化批判性思维是一种能应对很多场景的非常实用的思维方式，且不难掌握。未经过思维训练的读者在阅读本书后，经过一段时间有意识自我训练式的实践，就可以初窥门径，并品尝到提升思维能力的巨大喜悦。

第一章 认知谬误的根源

1

一 人类的认知谬误主要存在于哪几个场景？

人们认知世界的场景很多。笔者将头绪纷繁的场景简化为四种类型：

（1）分析有观点的静态信息的场景；

（2）分析无观点的静态信息的场景；

（3）多人互动交流的场景；

（4）面对问题独立思考的场景。

静态信息指不互动交流的信息，第一类场景和第二类场景面对的都是静态信息。与静态信息对应的是动态信息，体现在第三类场景，即多人互动交流的场景。在前三类场景下，人们有意无意地、主动或被动地对各种信息做出反应，而在第四类场景下，人们面对的是问题，人们为了解决问题会主动地搜集、分析相关信息。人们认知世界所面临的绝大多数情况都可以归入以上四种类型。在四类情况下，人们都会犯各种各样的认知错误。这些认知错误我们在本书后面的章节中都会分别介绍。

笔者经过研究认为，人类认知谬误的根源与诺贝尔经济学奖获得者丹尼尔·卡尼曼的快思考/慢思考理论有关，所以下面先简单地介绍一下快思考/慢思考理论。

二 什么是快思考与慢思考？

1. 快思考、慢思考的基本概念

定义：根据丹尼尔·卡尼曼的理论，人有两套思维系统——系统1和系统2。

系统1的运行是无意识且快速的，不怎么费脑力，没有感觉，完全处于自主控制状态。

系统2将注意力转移到需要费脑力的大脑活动上来，例如复杂的运算。系统2的运行通常与行为、选择和专注等主观体验相关联。

运用系统1进行的思考称为快思考，运用系统2进行的思考称为慢思考。

我们在审视自己时,往往更容易采用系统2,认为自己头脑清醒,富有逻辑,抱有信仰,善做抉择,能够决定自己想要什么和该做些什么。但实际上并非如此。

快思考的情景有:

- 看到恐怖画面后做出厌恶的表情;
- 回答2+2=?
- 读大型广告牌上的字;
- 在空旷的道路上驾车行驶。

以上情景的共同特点是不需要费脑力。

人们运用直觉的情景多属于快思考。我们将直觉分为两类(见图1-1)。

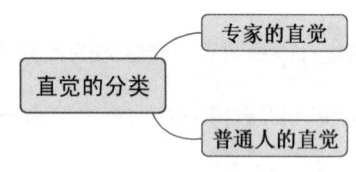

图1-1 直觉的分类

A．专家的直觉

笔者有一次去看医生,某医生看了我一眼就知道我有高血压;

某位象棋大师路过街边棋局,无须驻足观看就知道"白方三步之内将杀";

有经验的消防员能感知到房子快要烧塌了。

这些都是专家的直觉。

B．普通人的直觉

大多数人在接电话听到第一个词就能感知对方是否生气了;

刚进门就能发现自己是大家谈论的对象。

上面所举的直觉的例子,人们都做了正确的判断,但实际上**无论是普通人的直觉还是专家的直觉都经常存在误区。**

小白:"专家,我可以投资某银行的股票吗?"

专家:"某银行的股票非常值得投资。有好几次我进入那家银行的大厅,工作人员都主动跟我打招呼,非常热情,使我感到很温暖。这样的银行非常会做生意,一定财源滚滚,生意兴隆。投资这家银行准没错。"

我们看到，该专家实际上转化了问题，将某银行是否值得投资转化为他是否喜欢那家银行的服务。我们知道，这两者之间的差别是很大的。

不同领域专家直觉的准确性差异很大。

在投资领域，特别是股票投资领域，由于影响股价的因素太多，什么样的专家都难以高准确度地预测短期的涨跌。

如果你不相信这点，你可以去了解通过股票投资挣了大钱的人，问他能不能高准确度地预测股价的短期涨跌。说"可以"的，往往是没通过股票挣什么钱的人。

人们易于给他人贴标签，这是一种常见的快思考方式。

请看一个例子。

"刘平是一个乐于助人的人，所以他今天帮助了张伟。"

通过这句话，我们给刘平贴上了标签，"乐于助人"成了他的个性特质。

"刘平今天帮助了张伟，就因为老板张伟自己一个人拿不了高尔夫球包。"

此刻我们很容易将刘平看成一个善于拍领导马屁的人。

"刘平今天帮助了张伟，因为老板张伟虽然尽力去拿高尔夫球包，却因为患有腰椎间盘突出，自己一个人拿不了。"

这个时候，刘平不是单纯的乐于助人，也不是拍马屁的人，而是获得一种中性评价。

我们经常给身边的人贴标签，这个过程很快。因为有大量的相关经验证明，人们眼下的行为和他们的个性是相似的。可惜的是，我们把行为和个性联系的次数太多了，低估了具体环境的重要性。

我们只能看到世界的一小部分，但是我们将这个部分视为世界的全部，而且坚信不疑。

当然，我们也会给自己贴标签，主要是为了维护自己的良好形象和自尊。如果取得了成功，我们倾向于将原因归结到自己身上。如果事情的进展不那么顺利，则会认为问题出在别处。

快思考有时会受到视觉偏差的影响。

眼见有时也不为实，所以我们口中或他人口中亲眼所见的"事实"有时仅仅是一种信念，未必是真的事实。

观察图 1-2，垂直线与水平线有错觉，对垂直线的估计过高，好像长于水平线。

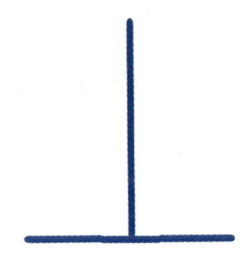

图 1-2　视觉偏差示例 1

再观察图 1-3，两条等长的横线，内箭头显得比外箭头要短。

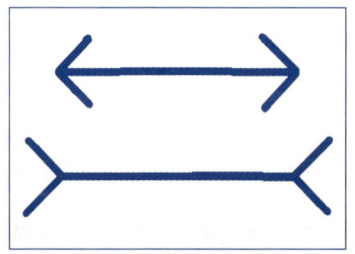

图 1-3　视觉偏差示例 2

以上两幅图我们感受完毕，如果不相信不妨拿尺子量一量,发现结果与眼见的"事实"确实不一致。

2. 快思考与慢思考之间是什么关系?

当我们清醒时,系统 1 和系统 2 都处于活跃状态。系统 1 自主运行,而系统 2 则通常处于不费力的放松状态,运行时只有部分能力参与。

当系统 1 的运行遇到阻碍时,便会向系统 2 寻求支持,请求系统 2 给出更为详细和明确的处理方式来解决当前问题,系统 2 在系统 1 无法提供问题的答案时,就会被激活来解决问题。系统 2 还会起到持续监督你自身行为的作用,有了它,你在生气时也能保持应有的礼节;有了它,你在夜晚开车时也能保持警惕。

系统 1 和系统 2 的分工是非常高效的,因为系统 1 很善于完成自己的本职工作:它在熟悉情境中采取的模式是精确的,所做出的短期预测是准确的,遇到挑战时做出的第一反应也是迅速且基本恰当的。然而系统 1 存在成见,在很多特定的情况下,这一系统易犯系统性错误,你会发现这个系统有时候会将原本较难的问题做简单化处理，对于逻辑学和统计学问题，它几乎一无所知。系统 1 还有一个更大的局限，即我们无法关闭它。

3. 快思考慢思考各自适用什么场景？

因为系统 1 是自主运行的，我们无法随意使其停止，所以认知错误常常难以避免，我们不可能一直没有成见，因为系统 2 可能对系统 1 产生的错误一无所知。即使对可能发生的错误有所察觉，也需要系统 2 进行强有力的调控和积极的运作才有可能避免。然而，作为一种生活方式，总是保持警觉性并不是一件好事，时时刻刻地做到完美也并不实际。

系统 2 在代替系统 1 进行日常抉择时总是耗时很长且非常低效，最好的解决方法就是妥协：学会区别常会出现重大错误的情境，在风险很高的时候，尽力避免这些错误。即在重要程度很高的情况下，人们要有意识地提醒自己慢思考，并用专业的方法尽可能避免系统 1 的错误影响。

三 认知谬误的根源是什么？

笔者研究了大量的认知谬误后发现，虽然认知谬误的表现形式多种多样，但导致认知谬误的根源可归结为三种类型（见图1-4）。

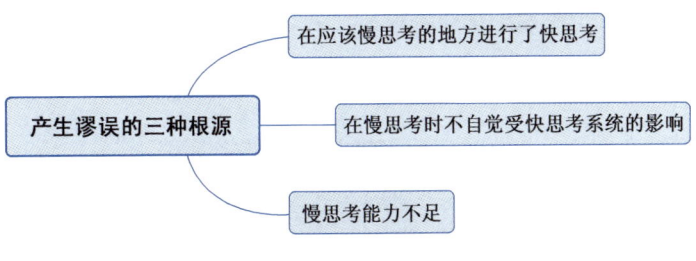

图1-4 产生谬误的根源

1. 在应该慢思考的地方进行了快思考

在重要问题的分析上得出结论太快，完全被直觉、情绪、立场所掌控。

2. 在慢思考时不自觉受快思考系统的影响

思考时已经放慢了速度，以为自己在进行理性思考，但没有意识到自己的思考仍然受到情绪、立场、直觉等运用系统1进行思考的重大影响，所以即便慢思考但仍然得不出高质量的结论。因此，提升慢思考能力的前提是必须清晰地认识到自己不像自己想象的那样客观、理性，自己会常态性地受立场、情感等快思考系统的影响。当然，知易行难，我们只可能改善或在部分场合做到，不可能时时刻刻做到完美。

3. 慢思考能力不足

缺乏慢思考方法，加之在某些领域缺乏专业素养，所以即使是无比冷静地采取了客观中立的立场，但慢思考的质量仍然很差。

"确认偏误"是典型的由于在慢思考时不自觉受快思考系统影响而产生的认知谬误：如果你已经开始相信一个东西，那你就会寻找强化这种相信的信息，乃至不顾及事实。

王小波写过一篇文章叫《花刺子模信使问题》，讲述了这么一件事情：中亚古国花刺子模有一个风俗，凡是给国王带来好消息的信使，就会得到国王的提升；凡是给国王带来坏消息的信使，就会被国王送去喂老虎。

于是元帅出征在外，凡是麾下将士有大功，就派他们去给国王送好消息，以使他们得到提升；凡是麾下将士有大过，就派他们去给国王送坏消息，顺便给国王的老虎送去食物。

后来，有大过的人都死光了，为了保住麾下的将士，元帅只好编造各种好消息，国王就只能听到好消息，于是他总以为形势一片大好，疏于防范，终致亡国。

这就是"信息茧房"（见图 1-5）。

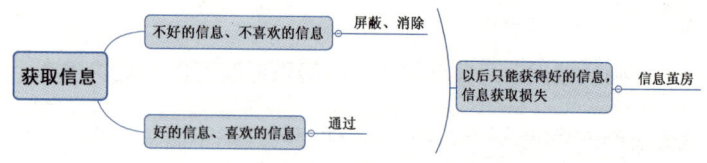

图 1-5 信息茧房

这篇文章感慨：中国人，包括领导们听不得坏消息，一旦谁敢提供坏消息就恨不得把他们像花剌子模的信使一样杀掉。

实际上，王小波说得太乐观了。真正令人沮丧的现实是所有国家的所有人都有花剌子模君王的毛病，但他们的做法不是杀掉带来坏消息的人，而是只听"好"消息，即那些能印证他们观点的消息。多数人都有这样的特异功能，可以对他们不喜欢的信息、观点视而不见。

在这种"确认偏误"的作用下，任何新证据都有可能被忽视，甚至被对立的双方都用来加强自己的观念。事实就是这么不可思议。来自美国学者的研究表明，每一次枪击事件之后，禁枪派和拥枪派都变得更加强硬。20世纪60年代，医学研究对于吸烟的危害的认识还没有像今天这样明确，面对《吸烟不会引起肺癌》和《吸烟会引起肺癌》这样两篇文章，吸烟者似乎更容易对前者感兴趣。

这方面美国的研究比较多。在一次实验中,参试者同时读两篇文章。一篇文章支持保留死刑的观点,着重描述了死刑的作用。另一篇文章持相反观点,并列举事例来证明。那么参试者的反应如何呢?他们会改变自己之前的观点吗,无论支持还是反对?结果,那些与参试者观点相反的文章,加深了他们对自己原有观点的坚持。

这个研究结果是可怕的:人们只记住了符合自己观点的部分内容,却忽视了那些支持相反观点的论证。并且,他们还深深怀疑与自己观点不一致的内容。

可能有人以为,只有文化程度比较低的人才会陷入"确认偏误",文化程度越高就越能客观判断。事实并非如此。在某些问题上,甚至文化程度越高的人群,思想越容易两极化。

人们一旦有了一个立场,特别是当他对外公开讲述了自己的立场后,这个立场就很难被改变了。笔者亲历了这一幕。笔者认为自己的态度是求真而非求赢,即便如此,在极少参与的某群体辩论中,也在不断地坚持自己的立场,即使自己不断提醒自己"主要看逻辑，主要看逻辑"。绝大多数人在持有某个立场后，对明显不同于自己立场的文章（多数文章看标题就能看出来立场是否与自己相同），根本不会点开看。这就是笔者亲历的、反省的真实情况。这种自我强化的力量真的好强大！在网络上，从一个人转发的、点赞的文章，就能看出这个人的立场乃至认知水平和判断力。在一些微信群里，可能很多人不知道其他人的身份乃至性别，但一张嘴，他们就呈现出了自己的思想和灵魂，同在澡堂里洗澡一样，脱掉了马甲，全部坦诚相待。

是不是与"确认偏误"一样的第二类根源的认知谬误就无法克服？笔者认为，绝对地克服这种与生俱来的人性弱点是不可能的，但我们可以做出改善：除了不停地提醒自己外，最务实、最重要的做法就是有意识地接受多样化的信息，特别是与自己立场、观点不同的信息。诺贝尔经济学奖得主阿玛蒂亚·森说过：考察一个人的判断力，主要考察他信息来源的多样性。有无数的可怜人，长期活在单一的信息源里，而且是一种完全被扭曲、颠倒的信息，这是导致人们愚昧且自负的最大原因。但是，由于大数据科技的应用，很多媒体会有选择性地推送某人喜爱的信息，导致人们严重高估自己信息来源的多样性，以为自己得到了多种不同观点的信息，但实际上绝非如此。怎么办？还是要让自己慢下来，并学会在重要问题上运用结构化批判性思维。

晕轮效应也是一个常见的认知谬误，属于第二类根源，即在慢思考时受快思考的影响。

比如说，有个名人天生有副好嗓子，并且特别热爱慈善事业。然后，我们在听到她因为染上毒瘾而要到戒毒所接受强制治疗时，就会感到特别震惊。因为"晕轮效应"的存在，我们过高地估计了这个名人的善良品行，我们想象这个名人在生活的每个方面都很高尚，甚至连她的思维方式都包括在内。

近因效应也是归属于第二类根源的认知谬误。

作为我们思维基础的最容易得到的信息，往往是我们最新看到的那部分信息。例如，尽管乘飞机是最安全的出行方式，但在出现一场空难以后，常常有很多乘客几个月都不敢乘飞机出行。单纯一场空难在他们的思维中所起到的作用，就要远远大于严谨的安全统计数据所揭示的真相：其实让他们铭记在心的空难，出现的概率很低。

第二类根源的认知谬误有很多表现形式，其中**修辞偏差**也很常见，即我们所看到的文字表达，其具体的用词包含了感情色彩，影响了听众、读者的结论。

在我们平日言语中，常会不知不觉地使用片面修辞：我是自信，你是自大；我是有上进心，你是钻营；我是节俭，你是小气；我是坦率，你是粗暴；我是灵活，你是善变；我是聪明，你是狡猾；我是一丝不苟，你是过于挑剔；我是求知欲强，你是多管闲事；我是激动万分，你是歇斯底里；我是坚定，你是顽固；我是友好，你是谄媚；我有自由的灵魂，你是为所欲为、无所顾忌。

修辞偏差是由于表达方式带有感情色彩而影响了受众的判断。

与修辞偏差类似的谬误还有陈述偏差：

陈述是一种框架。让我们来做个假设：你所在的公司或学校正在为下一次流感爆发做准备。研究预测，你所在的区域将有 600 人因此死亡。医生给出了几个方案：200 人将会获救（方案 A）；600 人有 1/3 的可能获救，2/3 的可能没能获救（方案 B）；400 人将会死亡（方案 C）；600 人有 1/3 的可能不会死，有 2/3 的可能死去（方案 D）。你会做何选择？

在丹尼尔·卡尼曼和阿莫斯·特沃斯基的初始实验中，衡量方案 A 和 B 时，有 72％的参试者选择方案 A；衡量方案 C 和 D 时，只有 22％的人倾向于方案 C。但其实以上 4 个方案都是相同的，只是选取了不同的表达方式。

人们总是喜欢听好话，**不喜欢听对自己不利的话**，这也属于第二类根源的认知谬误。

2008 年，著名的美国银行雷曼兄弟公司委托一家机构对银行业未来几年的发展进行分析。被委托的咨询公司接下这个任务后，经过一段时间的调研给出了结论。雷曼兄弟将所有管理人员聚在一起，听专家谈行业未来。

当时，雷曼兄弟正处于鼎盛时期。咨询公司勾勒出一个未来可能出现的现象：银行给太多人放款，其中少数人不能还款，这会导致灾难。结论是：在不久的将来，有几家银行会消失。

管理层和老板理查德·福尔德点头表示同意。是的，他们相信这个推测。

咨询师继续说：如果雷曼兄弟还是这样持续发放贷款的话，未来也会亏损。

福尔德和他的同事们皱起了眉头：这完全不可能。这个预测实在是太差劲了！我们不会付款的。多谢您来到这里，咨询师先生，再见！

人们会一直相信专家的话，直到专家讲出了自己不喜欢听的真话。

第三类根源的认知谬误来自慢思考能力不足，而一部分慢思考能力需要一定的专业素养，包括自然科学素养，人文科学素养，逻辑素养，等等。这里也分不同的情况，比如一道很难的数学题，你数学修养不够，再怎么慢思考也没办法做出来。而有些问题其实并不涉及很高深的科学理论，只要具备普通的科学素养即可通过慢思考找到真相。

我们举几个慢思考能力弱的例子。

这个游戏如果玩错了，则说明一个最基本的慢思考能力——逻辑能力比较弱。

在桌上放着四张牌，特殊之处在于它们的组成：纸牌的正反两面都印有信息。一面是字母，另一面是数字。现在四张纸牌被这样放在桌面上（见图1-6）。

图1-6　纸牌游戏示例

为了能看到纸牌背面，你需要把牌翻过来。这里有一个简单规则：如果纸牌的一面有元音字母，另一面必然有一个偶数。那么现在来进行推理，至少需要翻几张牌，才能验证这个规则？有答案了吗？一个小提示：比1大比3小！我猜你的回答是：卡片E和卡片4。但有些参试者还选择了其他卡片——卡片7。

翻转卡片E可以验证"如果是元音，那么就是偶数"。掀开卡片4同样只能证明这条规则。但是，规则中并没有说明如果一面有一个偶数，而另一面必然是什么情况。如果翻转卡片7，就可以反向验证结果。如果你在它背面发现了元音，就和规则相矛盾。为了全方位验证这个陈述，我们必须翻转卡片E和7。

这种做法不符合我们惯常的行为方法。但这里恰恰潜伏着思考陷阱。在日常生活中，我们更倾向于去证明一个规则或现象，很少有人去反驳它。如果两个人平时都用这种方式去思考，必然会产生争吵：每个人都在找别人的问题（证明自己的想法），却看不到自己的愚蠢（反驳自己的观点）。

在纸牌实验中，所有参试者都用证明模式完成了正确推理，但是只有59%的参试者成功地进行了反驳。看来，我们还有很多进步的空间。

再看一个三门问题的游戏，如图1-7所示。

图1-7 三门问题示例

具体怎么玩呢？想象你在参加电视台的节目，主持人展示给你三扇门。其中一扇门后面是奖品，另外两扇门后面是空签。你有一次选择的机会，还有一次更换的机会。首先，你开心地选择了一扇门，我们姑且称之为1号门。尽管主持人知道其中一扇门后面藏着奖品，但是他暂时不会公布出来。在你选好之后，主持人喊道："我给你们展示一下！"他打开了一扇你没选的门。门的后面是：一个空签。现在主持人面无表情地问你："你是坚持选择1号门，还是另外一扇门？"

98%被问到这个问题的人都会纠结，有人会说："我都看见空签了。我有50%的概率选对。无论我选哪一个，两个概率都是一样的。"那么你怎么看，换还是不换？

其实，主持人的行为对概率的影响被大家忽略了。

在主持人打开门之前时，你有1/3的概率获得奖品。当主持人打开了一扇门，后面是空签时，1号门后藏着奖品的概率并没有变成1/2，依然是1/3。让大家意料不到的是，那扇没开的门中奖的概率则变成了2/3！

我们来分析一下，无非有三种可能性。

① 奖品在你选的 1 号门之后。所以没有必要去换,无论主持人如何诱导你。

② 奖品在 3 号门之后,这时,主持人必须打开 2 号空门,因为他不想泄露奖品的位置。那么,你值得一换。

③ 奖品在 2 号门之后,主持人打开了 3 号空门。这和第二条的原理一样,他只能打开另外一扇空门。同样也值得换。

结论:换的人赢得奖品的概率为 2/3,推荐换!

就是这么简单!

以上两个案例的娱乐色彩比较强,下面让我们来到残酷的战争时代。

康奈尔大学的心理学家汤姆·吉洛维奇在其 1991 年的作品中写到了"二战"时期德国人轰炸伦敦时伦敦市民经历的一件事。伦敦报纸曾经刊登出几幅图,其中一幅如图 1-8 所示,它显示的是德国 V-1 和 V-2 导弹攻击伦敦市中心的具体位置。你可以看到,轰炸的地点看上去并不是随机的。因为导弹大部分都落到了泰晤士河的两岸以及图上的西北部。

当时的伦敦人因此认为德国人能够精准地控制导弹的落点。一些伦敦人甚至认为，图上空白的地方便是德国间谍的居住地。实际上，伦敦人错了，德国人所能做到的只是将导弹投到伦敦市区，至于具体炸到哪个位置便听天由命了。一项关于这些导弹袭击分布的更为详细的统计研究表明，这些轰炸地点的确是随机分布的。

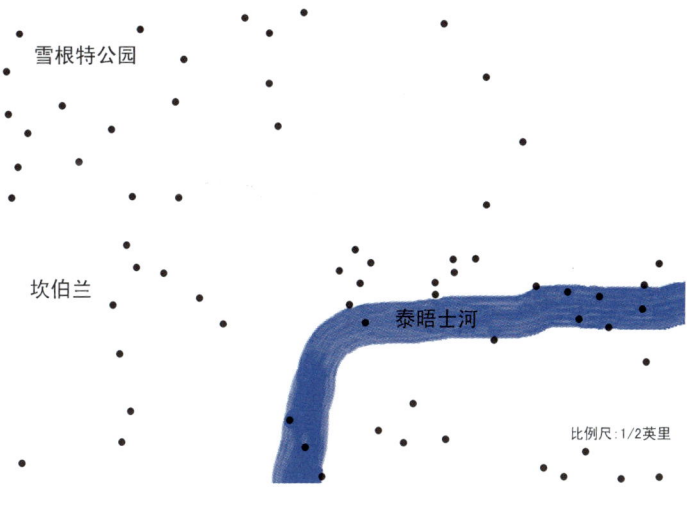

图 1-8 导弹攻击位置图

尽管如此，这张图上的轰炸点看上去并不像是随机分布的。原因在哪里呢？第二次世界大战给了我们最好的答案。

假如我们将图1-8平均分成4部分，如图1-9所示，然后再进行一次统计，或者说不是为了统计而统计，而只是数一下每个部分遭到轰炸的次数，我们的确会发现非随机性的证据。但是，没有证据能够表明这种测试随机性的方法是正确的。

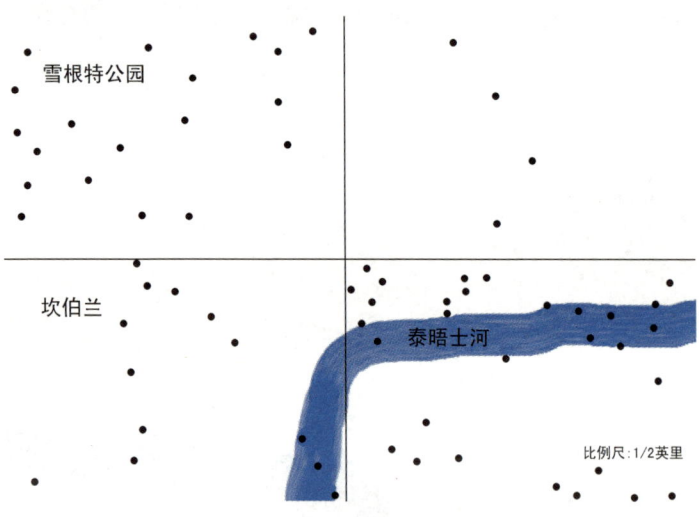

图1-9　导弹攻击位置图分析a

假如我们按照图1-10的方式再次将图1-8平均分成4部分，我们便无法拒绝炸弹是随机抛下的假设了。不幸的是，我们往往不会通过这样苛刻的变换方式来挑战自己的认知。

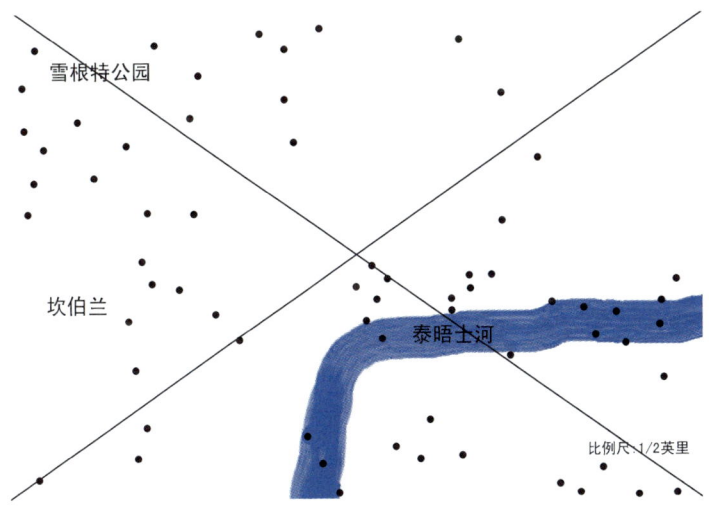

图 1-10　导弹攻击位置图分析 b

对以上问题的思考错误,根源是第三类认知谬误——慢思考能力弱,上例也是由于科学素养较低。

以上我们阐述并举例说明了认知谬误的三类根源。

第二类认知谬误根源中所涉及的我们的偏见、立场、倾向并不是与生俱来的,它们又是起源于哪里呢?

小时候我们不会分析问题,别人告诉我们什么观点,我们就接受什么观点,别人告诉我们什么逻辑,我们就接受什么逻辑。

在长大的过程中，我们接触越来越多的信息，越来越多的观点，越来越多的逻辑，我们慢慢发现，有些观点、逻辑相互冲突，更重要的是，有些观点、逻辑跟我们看到的事实不符。

于是我们有了自己的思考，有了自己的判断，对原本灌输给我们的观点做了修正，或做了强化，这就是我们的立场、倾向、偏见的起源。

有一个常见的认知谬误，叫作"可得性启发"，指人们根据某种信息在心里想起来的容易程度来进行判断，那些容易回忆起来的信息被认为比那些不太容易回忆起来的信息更会发生。我们来看两个例子。

例1：K在英文单词里，是更常出现在第一个字母位置，还是第三个字母位置？更多的人认为是更常出现在第一个字母位置，虽然事实上它更常出现在第三个字母位置。为什么会这样？这就是可得性启发，人们把最容易想起来的事情当作最普遍的。

例2：有一次某人在看医生时被怠慢或误诊，从此以后他会厌恶所有的医生。医生在他眼里就是不负责任和低水平的代名词。无论别人怎么颂扬医生也难以改变他的观点，这种观点会不断被强化，直到下次他遇到了一个特别好的医生，后者帮助他或者他的亲人解决了一个大问题。

我们可以看出，所谓可得性启发，就是我们在实践中修正或强化我们的原本立场、倾向的过程。

当然有些可得性启发对有些人来讲是全部的"启发"，可以作为在某一领域的一次原始观点的灌输。

更重要的是，当我们有了自己的立场、倾向后，我们更容易自我强化，而不是自我否定，除非遭遇重大事件。

第二类和第三类根源的认知错误都源于在慢思考时出了错，它们之间有区别吗？

是有区别的。区别在于看当事人是否有先入为主的认知和立场。当然人们都认为自己是理性的、客观的，但事实并非如此。有些先入为主的认知和立场是隐藏的，自己可能都未发觉。

比如，用名人为自己的产品做广告是普遍的现象。既然普遍，说明这种方法有用。而有些名人并非有关产品的专家，为什么对民众有较大的影响呢？名人广告背后隐藏的认知是，名人用的东西都是好东西（虽然名人在生活中未必真用）。

这种隐藏的认知不经过训练是难以被挖掘出来的。

实际生活、工作中三类根源的认识错误经常同时出现、相互交织，增加了辨识的难度。解决这个困难的方法就是学会运用结构化批判性思维，具体包括可视化、结构化和批判性思考三个环节。我们可以用它厘清他人的思维、厘清自己的思维，提升思维的质量乃至创造力。

在很多场景，我们只要将思维进行了可视化、结构化，甚至在尚未进行严谨的批判性思考时，我们就可以明显地发现思维的谬误了。

我们用问题的形式对本章要点进行总结：

1. 人类认知谬误存在于哪几个场景？

2. 什么是快思考？什么是慢思考？两者之间的关系是

什么？各自适用于什么场景？

3. 有哪两类直觉？

4. 产生认知谬误的三个根源是什么？

5. 确认偏误、近因效应、修辞偏差、陈述偏差、可得性启发是什么意思？

拓展问题：

1. 除了本书描述的认知谬误通常出现的场景外，你认为认知谬误还会出现在其他什么场景？

2. 以你的体会，你认为哪类认知谬误最为常见？

第二章 思维可视化是结构化批判性思维的基础

一　什么是思维可视化？

简单地说，思维可视化就是把脑中所想的东西用写字、画图、画表等方式让自己和别人看见，即把隐性的思维显性化。思维可视化有两种主要的形式：一是文字化，二是图表化。

1. 文字化

文字化的初级阶段就是将脑中所想不加整理地、简单粗暴地**直接写**下来。

我们要努力将想法组织成语言。如果仅仅靠脑子想，依旧只是一种朦胧不清、不够明确的状态，所以一定要写在纸上。即使是想到了一些不好的事情也没有关系，还是要将其写下来。（当然，熟练使用电脑的人可以将想法写在电脑上，前提是使用电脑打字的过程不影响其思考。）

比如这样写：

为什么上司不让我做那个项目？

是因为对我有什么不满吗？ 以前，我也举手表示过想做某个项目，可是他也没有给我做。

如果交给我做，我绝对能做好。

为什么就是不交给我做呢？

虽然会犹豫要不要写这些，并且有点不好意思，但是只要硬写下来，意外地会发现自己可以做到。

只要写自己想到的就可以了，这样一来，想法自然就会不断地出现，同时也会不断地涌现自己觉得相似的想法。 对于那些相似的想法，可以换一张纸来写。

这其中的关键是"不思考直接写"。 写的时候最好是自己最原始的想法，浮现出来的一瞬间的想法。 对于文章的构造、易懂程度、起承转合等全都不需要考虑。 经常地，人越思考反而越难以做到快速、深入的思考。 我们只要将脑海中的想法一件接一件地写在笔记里。

我们在进行思维文字化这个环节时，要有以下基本认识。

（1）没有任何框架的随手写环节具有必要性：思维是无限扩展的、无边界的，如果每次思考都用些给定的结构进行框架，则必将对思维造成约束。

（2）需要随时记录灵感：灵感具有随时闪现、随时忘却的特点。一旦有了灵感，一定要随手记录，千万不能高估自己的记忆。"我忙完手头这件事再去记"，往往完全想不起来或者想不全了。

（3）需要进行强迫思考：不能每次都等到灵感出现才动笔。在没有灵感时找出一块相对安静的时间强迫自己做笔记，快速地把自己想法记录下来。优秀的作家不是有灵感才写作，而是强迫自己每天写作。比如金庸，在写很多部武侠小说时，都是在自己创办的报纸上登连载，根本不允许他在有灵感时再写作，就这样照样写出了脍炙人口的伟大作品。

随手写是文字化环节中一个容易忽视的重要方法，但绝不等于文字化环节的全部。显然，文字化也包含用文字来表达、显示自己的思维框架和其他各种成熟的思维框架。

2. 图表化

图表化实际上包括图和表，表述方便起见，我们将之合二为一。

图表化的常见形式有很多种，比如思维导图、象限图、流程图、重叠图等等。

（1）思维导图

思维导图，又叫心智导图，由英国学者东尼·博赞发明。思维导图运用图文并重的技巧，把各级主题的关系用相互隶属与相关的层级图表现出来，把主题关键词与图像、颜色等建立记忆链接，是一种简单却又很有效，极具实用性而且应用非常广泛的思维工具。

思维导图对记忆、阅读、思维都有着极大的帮助。在内容上，思维导图能以每个节点信息与中心主题联结，而每一个联结又可以成为另一个中心主题，对大量发散性的信息梳理有很好的效果；而在逻辑结构上它极具包容性，能将结构化思考、逻辑思考、辩证思考、追问意识等思维方式融合进去。是当前极受追捧的图表形式。

以下形式的图形即思维导图。下面这个思维导图展示了思维导图的一部分用途（见图2-1）。

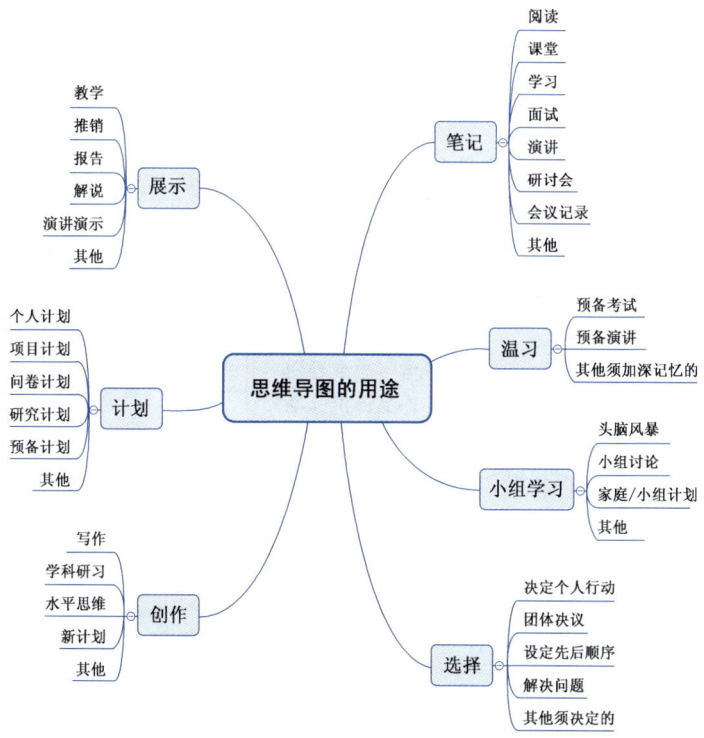

图2-1 思维导图的用途

思维导图可以很简单,如图 2-2 所示。即便这么粗陋,也算是一种思维导图。

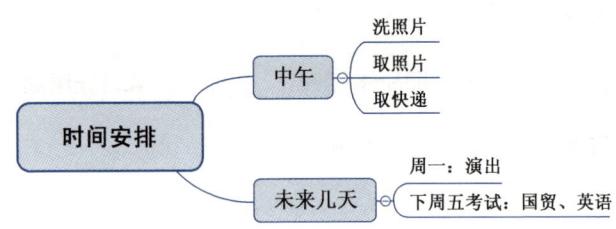

图 2-2　思维导图示例 1

还有比较复杂的思维导图,如图 2-3 所示。

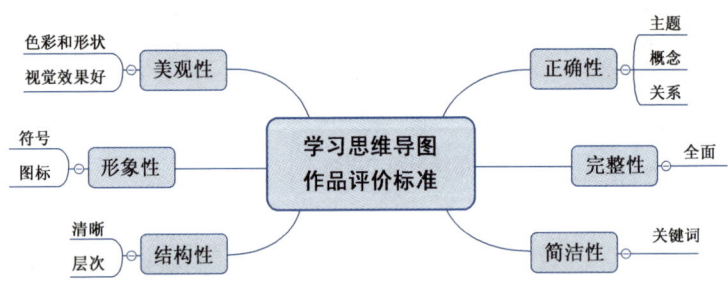

图 2-3　思维导图示例 2

学科思维导图往往是特别复杂的思维导图,如图 2-4 所示。

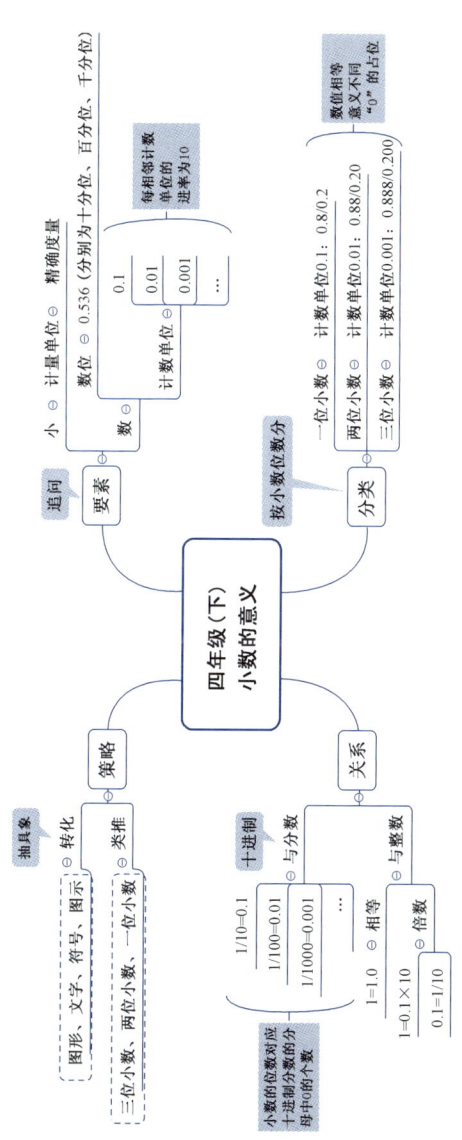

图 2-4 思维导图示例 3

第二章 思维可视化是结构化批判性思维的基础 051

某实验小学备课组的导图(见图2-5)。

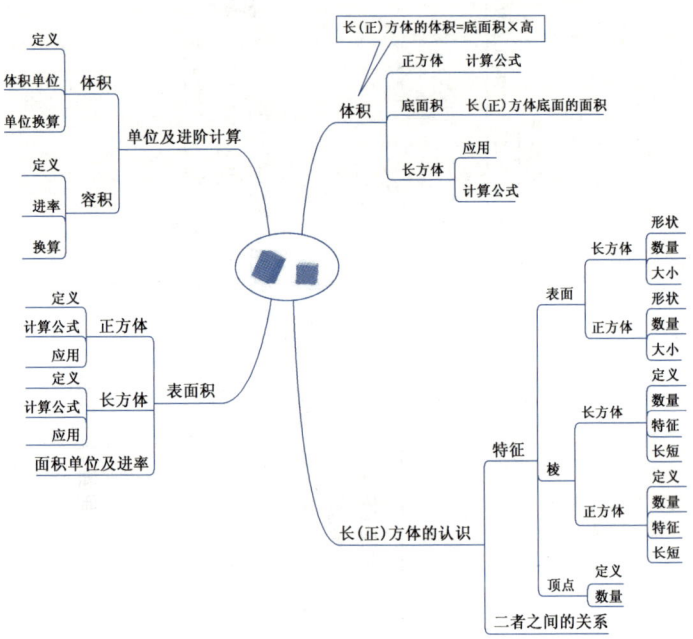

图2-5 思维导图示例4

(2)象限图

象限,是平面直角坐标系中的横轴和纵轴所划分的四个区域,每一个区域叫作一个象限。右上的称为第一象限,左上的称为第二象限,左下的称为第三象限,右下的称为第四象限。通过水平和垂直分割线直接展示出数据划分区域,哪些数据属于同一个象限，哪些数据偏离了预期，就会一目了然。

象限图被广泛借鉴到应用领域后，体现出了极大的实用价值。

比如波士顿咨询集团首创的波士顿矩阵（见图2-6），就是一种通过象限图规划企业产品组合的方法，它有助于解决如何使企业的产品品种及其结构适合市场需求的变化这一问题，因此让生产更有意义。

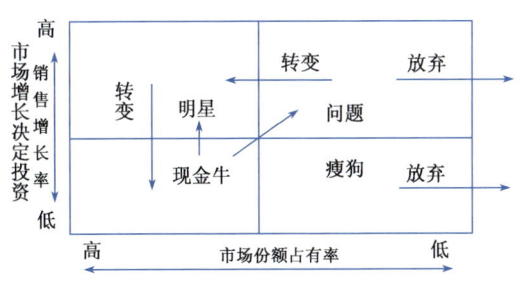

图2-6 波士顿矩阵象限图

又比如"标准普尔家庭资产象限图"(见图2-7),它按家庭资产的用途和投资方式,以家庭资产稳健增长的目的,把家庭资产分为四个不同的账户,并按照一定比例分配。它可以有效防止各种意外事件对家庭资产造成巨大损失,规划家庭投资,是生活中对象限图法的典型应用。

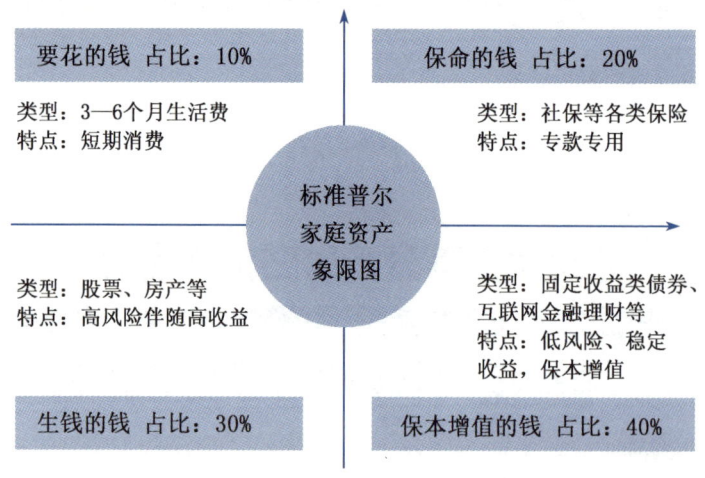

图 2-7 标准普尔家庭资产象限图

（3）流程图

流程图是使用图形表示思路、流程的好方法,是流经一个系统的信息流、观点流或部件流的图形代表。在企业中,流程图主要用来说明某一过程。这种过程既可以是生产线上的工艺流程,也可以是完成一项任务必需的管理过程。流程图是揭示和掌握封闭系统运动状况的有效方式。它作为诊断工具,能够辅助决策制定,让管理者清楚地知道问题可能出在什么地方,从而确定出可供选择的行动方案。

流程图也是包含逻辑结构的图表,常见结构有:顺序结构、条件结构(又称选择结构)、循环结构、分支结构。

著名的PDCA过程管理法就是顺序结构的流程图应用(见图2-8):

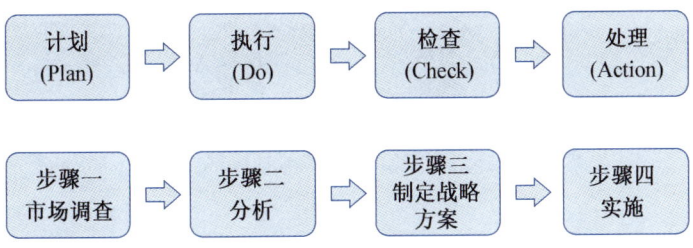

图2-8 流程图示例

（4）重叠图

重叠图也叫文恩图，是用于显示元素集合重叠区域的图示。1881年，英国数学家约翰·维恩在《论命题和推理的图表化和机械化表现》一文中首次采用固定位置的交叉环形式再加上阴影来表示逻辑问题，这一表示方法受到极大的关注，并在随后的100多年中，在逻辑学、应用科学中被不断推广应用。

如图2-9所示，由多个圆形模块组成，分析商品的服务特点就有效地凸显了商品、服务的"特点"。

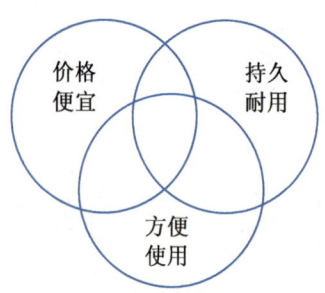

图2-9 重叠图示例

文恩图批判性思维有着奇妙作用，在本书随后的章节对此会有更详细讲述。

二 为什么要思维可视化？

把隐性思维显性化的好处是什么？

1. 释放压力

如果我们为某事而感到焦虑，我们就可以把脑中所思所想一股脑地写下来，随后我们会发现压力被释放了。

2. 激发思考

有时每天强迫自己写些东西，经常写着写着就思如泉涌，这也是一种激发思考，提升脑力的好习惯。

不仅如此，在思考一些多因素的复杂问题时，显性思考比隐性思考更有优势。例如，将军们常看军用地图和用沙盘推演来分析敌情和制订战术；警察、侦探也经常把嫌疑人和案情画在白板上进行分析。

3. 使思考有连续性

我们有时自己冥想一些问题，有一些灵感，如果不及时把它们写下来、画下来，可能就忘记了。有些复杂的思考，一次不可能想清楚，需要多次进行，此时更加要运用思维可视化的理念、方法，及时把想法写下来、画下来，下次在这次的基础上接着思考。

4. 有助于多人讨论，发挥集体智慧

当思考隐性地存在于每个人的头脑中时，即使通过说话来进行沟通，事实上也必然产生大量的信息丢失和扭曲。

如果将隐性的思维文字化、图形化、表格化，就能比较清楚地展现其思考过程，别人也能在其基础上进行讨论。

5. 是进行思维结构化和批判性思维的基础

下文我们会说到，我们要通过结构化使自己和他人的思维更清晰，并运用批判性思维提升思维的质量，这些都是以思维可视化为基础的。

有两点需要补充说明：

（1）文字化和图表化各有各的用途，不存在孰优孰劣的问题，经常是两者配合着使用。每个人也可以根据自己的习惯来选择思维可视化的形式。

但是，当思维结构非常复杂时，图表化、思维导图常常更能清晰地显示事物之间的关系，更加有利于我们对事物的深刻理解、熟练掌握和长期记忆。

（2）虽然我们认为思维可视化具有很大的价值，但是我们并没有否认隐性思考——冥想的作用。不可否认，有时纸笔还是会对思考有一定的干扰。而经常地，冥想能让我们进入深度思考状态。所以，隐性思考和显性思考应该相互结合。我们用隐性思考来进行某个具体模块的思考，而用显性思考解决搭建思维框架、厘清思路、提升思维质量、突破思维边界等问题。

三 为什么要对可视化思维进行结构化处理?

上文我们举了一些思维文字化和思维导图的例子。有些文字和思维导图缺乏清晰的结构,仅罗列想到的东西,全然不知这些被列出的内容之间的复杂关系,也就达不到增强理解、加深记忆以及提升思维质量的作用。

因此在通常情况下,我们需要对可视化的思维进行结构化处理。

我们用问题的形式对本章要点进行总结:

1. 思维可视化的主要形式有哪两种?

2. 思维可视化有哪些好处？有哪些问题？除了书中的观点，你自己有什么想法？

拓展问题：

1. 你会画思维导图吗？尝试下载一个通用的思维导图软件，在工作、生活中经常使用它。（不喜欢用软件也不要紧，可以在思考问题时用笔在纸上画。）

3

第三章 我们用结构化思维来厘清他人和自己的思维

一 什么是思维结构化？

在物质世界，人们通过结构来认知物质，比如物体由分子构成，分子由原子构成，原子又含有原子核和电子等。在思维世界，人们也同样通过结构来认知事物。比如音乐家能听出音乐的和声、节奏，专业棋手一眼就能记住棋的位置，这些都是源于对结构的认识。

事物的结构往往决定了整体的性质，自然界和人类社会均如此。碳元素排列的结构决定了它是碳还是金刚石。《黑天鹅》作者的新书《非对称风险》揭示了少数人主导的社会运行规律，实际上也是"结构决定整体"在社会运行中的一个表现形式。书中大量案例说明，少数人的坚持决定了大众遵循的道德和习俗；股票市场中少数坚定的买方或卖方决定了股价的走势。

思维结构化的扛鼎之作是美国作家芭芭拉·明托所著的《金字塔原理》，芭芭拉·明托曾在全球多家名校巡讲，该书常年名列各国畅销书排行榜前茅。现在《金字塔原理》所倡导的结构化思维已经成为麦肯锡公司的标准之一。

思维结构化是一种方法，它通过将原本显得杂乱的思维进行分类处理，使思维呈现得重点突出、思路清晰、条理分明。经过结构化处理后的思维将更易理解，更易举一反三。

请你在一分钟内记住下面这十四个字，可以不分先后顺序：

山州　吴男　十钧　不收　带儿　取关　何五

就算你当时真能记住，第二天你就会忘记。可是如果我把这十四个字重新排列组合一下：

男儿何不带吴钩，收取关山五十州。

你很可能一秒钟就能记住，因为你早就知道这句诗！

人所掌握的知识和技能绝非零散的信息和随意的动作，它们大多具有某种"结构"，这些"结构"就是套路。

一场棋局在普通人眼里就是一些看似杂乱摆放的棋子，而在职业棋手眼里这些棋子却是几个一组划分成很多"块"的，通过识别这些"块"，职业棋手可以很容易地记住棋局，甚至同时跟很多人下盲棋。打个比方，如果普通人看到的是一个个字母，职业棋手看到的就是单词和段落！

所以，经过结构化的知识，才更容易被记住，并能更好地在实际中运用。

下面我们一起来学习一下《金字塔原理》中的一个经典案例。

周二，约翰·科林斯来电说他不能参加下午 3 点的会议了。哈尔·约翰逊说他不介意晚一点开会，明天开也可以，但明天 10：30 以前不行。唐·克利福德的秘书说，唐·克利福德明天晚些时候才能从法兰克福赶回来。会议室明天已经有人预订了，但是星期四还没有人预订。会议时间定在星期四上午 11 点似乎比较合适，您会怎么安排？

未经组织的思想如图 3-1 所示：

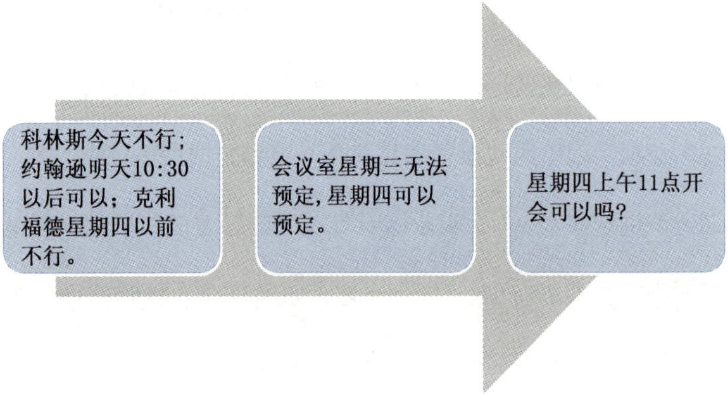

科林斯今天不行；约翰逊明天10:30以后可以；克利福德星期四以前不行。

会议室星期三无法预定，星期四可以预定。

星期四上午11点开会可以吗？

图 3-1　未经组织的思想

用金字塔结构组织后的思想如下。

今天的会议可以改在星期四上午 11 点开吗？因为这样对科林斯和约翰逊都更方便，克利福德也能参加，并且本周只有这一天会议室还没有被预订。

经过结构化以后的思想如图 3-2 所示：

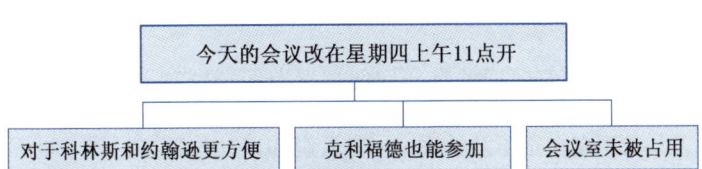

图 3-2 结构化后的思想

显然,经过结构化的信息更容易理解。

很多名人的笔记本就是在将知识做可视化和结构化处理。

思维结构化与可视化是密不可分的,思维可视化是结构化的基础。一些历史上的名人都有做笔记的习惯,这实际上就是思维可视化。不同的名人做笔记的习惯不同,有的名人比如达·芬奇做的笔记更加体现了思维可视化的特点,随时记录灵感;而有些名人比如钱锺书做的笔记更加展现了可视化+结构化的特征,提炼的功力很深,把书越读越薄。高水平的人记笔记实际上就是在做可视化、结构化思维的练习。

达·芬奇的笔记本乍看杂乱无章,上面全是各种似乎互不相干的心得、想法、实验记录和设计。但是达·芬奇的笔记本却是最值得后人读的,他手画的人体解剖图简直就是艺术品，人们根本不知道他是怎么在不经意间迸发出那些精妙想法的。达·芬奇笔记的唯一问题是没有经过整理——因为他想法太多而实在来不及整理——有人说如果他整理了，整个世界的科技进展可以提前三十年。

钱锺书不藏书，再好的书也是看完就顺手送人。但他读书几乎必做笔记，读书笔记永远保留，随时拿出来用。

费米的笔记本更是一个传奇。传说，费米喜欢每周跟一大帮学生聚会，一般是让一个学生提出某一方向的物理问题，然后费米就会找出自己在这方面的笔记——上面写着这个问题的答案。一直到临终之前，他仍然在试图整理笔记本。

理解知识需要笔记，使用知识也需要笔记，除非你是达·芬奇这样的天才。对于普通人而言，只有**经过结构化处理后的知识才能与你原来的知识体系有机结合**，在运用时才能得心应手。所谓将书"越读越薄"就是这个过程。

网上有一则关于马云的段子。马云让大家多读书，有人问：你读那么多书能记得住吗？马云回答："正如同我每天既吃饭也排泄，而我所吃的东西变成了我身体中的血肉精华。"这个回答很有水平。

但是我们可以进一步问，我们怎样才能提升我们吸收知识的效率呢？一个很重要的答案就是将阅读的知识按照自己的理解进行结构化处理。有了这个过程，我们对外部知识的吸收效率就会大幅提高，就有更多的成分转化为我们随时可以提取的知识和智慧。

有一篇文章题目是《优秀基金经理的7大思维模式：从碎片化信息到系统性思考》，这是某优秀基金经理的访谈，他谈了对投资的理解。笔者简单整理如下。

（1）原则思维

管理学大师史蒂芬·柯维说我们应该以原则为生活中心，在做决策时以原则为依据，而不是单单以家庭、金钱、工作、朋友中的某一项为中心。只有这样，我们在做决策的时候才能够冷静客观、胸有成竹，问心无愧。而投资的真正原则应该是：这家公司到底有没有真正地大量创造用户价值？

（2）漏斗思维

很多时候，企业家价值观正确，不一定就能创造用户价值

（比如自我陶醉型创业者）；创造用户价值，也不一定能找到很好的商业模式（比如1999年的OICQ）；找到商业模式，企业赚钱了也不一定会重视投资者回报（比如从不分红的铁公鸡们）。这几步可以用一个漏斗模型来表示，只有能从这个漏斗中一步一步留下的公司，才是值得投资的公司。

（3）矩阵思维

矩阵思维就是把上市公司的商业模式按照不同的矩阵进行划分，并在每个象限中选择最为看好的行业作为目标。比如根据业务模式2B/2C、运营重资产/轻资产，就可以生成图3-3。

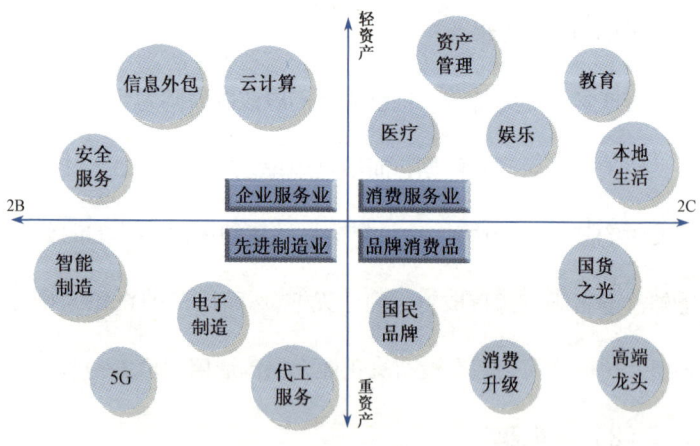

图3-3 矩阵思维示例

（4）三角思维

在寻找投资标的时，宏观层面上我们要求它们具有用户价值，经得起漏斗模型的过滤。但是在微观层面上，该基金经理认为还需要考虑三个要素：一是产业周期向上，二是行业景气度向上，三则是估值低。如果一个公司能同时满足三者，那简直是完美。但可惜的是，资本市场还是相对有效的，前两者都向上的公司，往往不太可能估值低；估值有吸引力的公司，往往在前两个方面有瑕疵。

这时，我们的三角思维就生成了一个"不可能三角"。这个"不可能三角"可以帮助我们看清很多问题的本质，弄清楚我们的投资标的在"三角"的哪个位置，缺的是什么，缺的这个要素有没有可能改善。比如高估值有没有可能通过持续增长来消化。

（5）决策树思维

既然没有完美的标的，那么在股票池中进行选择时，决策依据到底是什么呢？该基金经理列出了一个他的决策方法：什么时候大胆买入，什么时候适度买入，什么时候观察持有，什么时候应该卖出。

我们把他列举的各种情况抽象一下，就形成了一个投资决策树（见图3-4），这可以帮助我们更清晰地刻画投资决策流程。

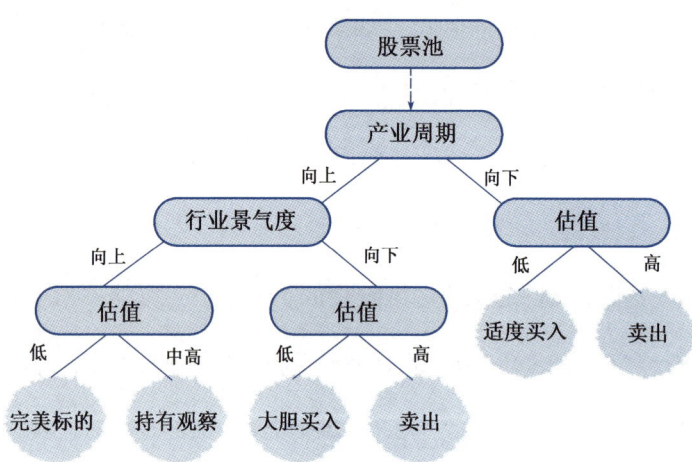

图3-4 决策树示例

（6）时间序列思维

2019年10月的新闻：10月份社融腰斩！但是如果用时间序列分析，就很容易把这种季节性特征看出来，投资者也就不会因此而惊慌。该基金经理多次提到了产业周期，最好是在向上的产业中找标的。而所有的周期分析，其实都是依据时间序列思维。

在投资领域，针对新技术产业，大家最喜欢看 Gartner 曲线，通过它可以看到每一项新技术处在引入期、泡沫期、成熟期、应用期的哪一个阶段。

（7）闭环思维

闭环思维的本质是认识到事物是一种螺旋式上升的发展过程。该基金经理在这一点上的认知很明确，他和我们细数了过去曾经犯过的错误，经历过的事件，以及后来的思考和投资方法的改进。这有点像管理学当中的戴明环：Plan（计划）、Do（执行）、Check（检查）、Act（处理）。基金经理也需要调研和制定投资计划、执行买入、检查环境和标的是否有变化、决策加减仓。循环往复，投资能力才会得到提升。

新基金经理和老基金经理最大的区别就是，后者执行了更多次的这种循环，而且对于每一次股市上发生了什么事件、背景是什么，后续有什么影响都如数家珍。这样的人相对而言更加靠谱。

投资人看到这篇访谈很可能觉得很有道理。但是笔者认为，如果不对这篇文章做结构化处理，这篇中等难度文章中的可取之处就很难与读者原本的知识结构相融合，也就难以在实践中自如地运用，看了与没看差别并不大。

笔者将上文进行结构化处理（见图3-5），供读者参考。

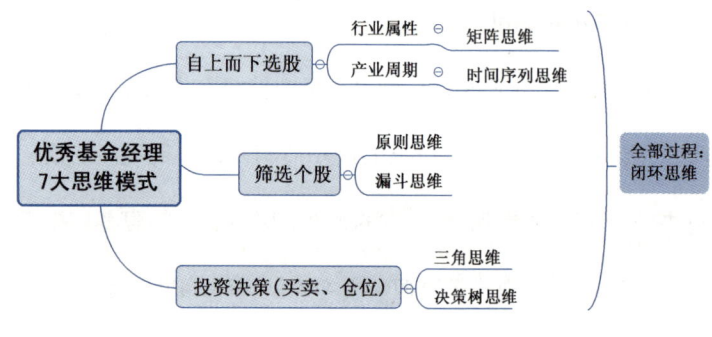

图3-5　结构化处理思维图

以上结构化处理难吗？不难吧？挺简单的。这就对了，只有简单才能实用。这里面有几个要点。首先，我们需要有结构化的意识才会动手做结构化。其次，我们需要具备结构化的基本能力。在专业领域，基础知识背景会有助于结构化处理。第三，在完成结构化之后，要与自己原本的认知框架进行对照分析。比如，在原来自己认知体系中，选股的原则和方法是什么？该基金经理在这个环节的理念和方法与原本的认知有什么不同？好在哪里？

经过这样的过程，结构化处理就变成消化吸收新知识的过程，新知识将与我们的老知识相融合。长期积累后，我们无论在特定的专业领域还是在普适的非专业领域，认识问题的能力都会有所提升。

二　思维结构化要遵循哪些基本原则？

1. 基本理念

思维结构化的基本理念：中心思想明确，结论先行，以上统下，归类分组，逻辑递进。先重要后次要，先全局后细节，先结论后原因，先结果后过程。

前文那个确定开会时间的例子就很好地展现了结构化思维先总后分、先结论后原因等理念。

所以，思维结构化的理念不仅包含人们一般容易理解的逻辑清晰、层次分明等基本要求，还特别强调了以上统下、结论先行等理念。

2. MECE 原则

"MECE 原则"可以保证划分出来的部分符合以下要求：各部分之间相互独立（mutually exclusive），相互排斥，没有重叠；所有部分完全穷尽（collectively exhaustive），没有遗漏。

MECE 原则是指结构中的每一组思想呈现的策略都是按一定的逻辑顺序进行的，这个逻辑顺序符合"相互独立，完全穷尽"（MECE）的原则。

我们来举例说明什么是 MECE 原则。

人类分为：男人、女人。

这样的结构就符合 MECE 原则。

人民分为：大人、小孩、学生。

这样的结构不符合 MECE 原则，因为学生与大人、小孩都有重叠，没有做到相互独立。

马分为：蒙古马、斑马、汗血马、军马。

这样的结构不符合 MECE 原则中的"完全穷尽"的原则，

并且不容易理解和记忆，因此不是一个好结构。

马分为：野马、驯养马。

这就是一个符合 MECE 原则的结构。

三 有哪几种常用的思维结构？

有三种主要的思维结构：时间结构、空间结构、逻辑结构。

1. 时间结构

举例：

开发客户的相关工作有：

（1）见客户前的工作；

（2）见客户时的工作；

（3）见客户后的工作。

这是典型的时间结构。

2. 空间结构

举例：

装修一个房子：

（1）室内装修；

（2）室外装修。

这是典型的空间结构。

3. 逻辑结构

举例：

分析企业的经营、收支状况：

（1）成本结构分析；

（2）收入结构分析。

这是典型的逻辑结构。

4. 其他结构

除了以上三种主要的思维结构外，还有少数实用的结构。

比如谐音"伸手要钱"——"身份证、手机、钥匙、钱包"，这个结构不属于时间结构、空间结构和逻辑结构中的任何一种，不是一个严谨科学的思维结构，也不符合MECE原则，但用谐音让人记住了出门前要随身携带的主要物品，具有一定的实用价值。

四　我们如何进行思维结构化？

1. 主题先行

如果是一个论述，要首先找到结论；如果是一个描述，要首先找到主题。

2. 用三类结构对信息进行分类、整理

将纷繁的信息用时间结构、空间结构、逻辑结构进行分类整理。

3. 用向上提炼概念的方法对杂乱的信息进行分层

将信息归入不同的结构后,仍然可能显得很杂乱无序,此时需要用向上提炼的方法对结构中的信息进行分层。分层是常用的结构化技巧。本章最后会举一个例子,对复杂问题下的结构化过程进行展示,并且,本书下面几章会大量展示结构化方法。

4. 结构化思维在现实中运用广泛

在新冠肺炎疫情中,中国某地方政府把居民划分为 5 种类型,分别进行科学应对(见图 3-6):

- 已感染;
- 可能被感染(例如有症状但是起初检测结果为阴性的人群);
- 被暴露;
- 没有被感染或暴露的人群;
- 已经从感染中恢复并有足够免疫力的人。

医务人员根据症状、体检（目前是检测 RNA 的 PCR）以及暴露情况来确定前面五类人群。

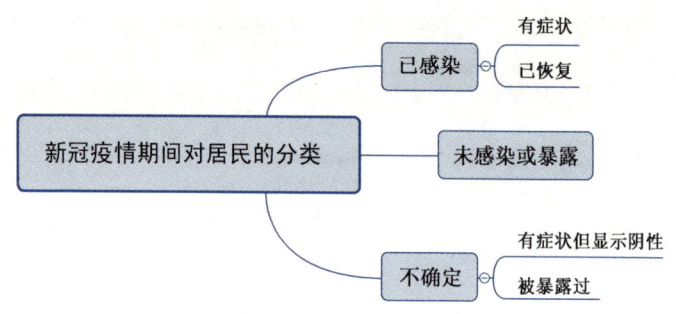

图 3-6 新冠疫情期间对居民的分类

通过对所有人群进行符合 MECE 原则的分类，政府和医务工作者可以进行科学的有针对性的处置。

- 重症或高危患者入院治疗；
- 把会议中心建为方舱医院，将中度或轻症患者收入方舱医院——对所有患者的集中隔离可以降低其传染家庭成员的概率；
- 将闲置的旅馆改建成隔离中心，将已被暴露的人群隔离 2 周——这样的隔离措施在一个特定的城市或者地区暴发大流行之前都是可行的；

- 我们需要确定第五组人群——那些以前感染、现在恢复并有足够免疫力的人——这需要开发、验证以及部署抗体检测,这对于迅速而安全地重启部分经济活动至关重要。

5. 我们要学会并熟练地赋予结构以意义

一本讲设计思维的权威书籍提出,一个创新方案的最优解离不开三个元素:人的需求性、技术的可行性和商业的可持续性(见图3-7)。

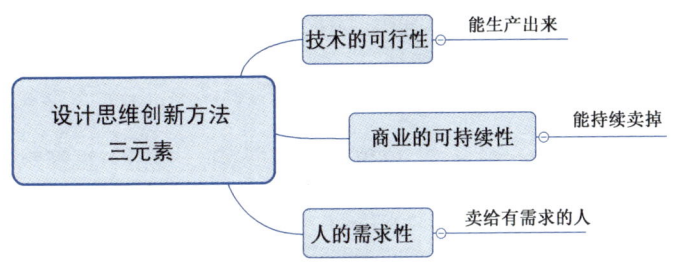

图3-7 设计思维创新方法三元素

为什么是这三个元素,而不是别的三个元素,或者不是四个元素五个元素? 这三个元素之间有逻辑联系吗? 是一个

MECE 原则的结构吗？

一个结构化的思考者需要提出上面的问题！

我们要通过对字面意思的理解，挖掘其背后简洁的逻辑。比如本例，可简单理解为：首先要把东西生产出来，然后要能卖得掉。卖给谁呢？卖给有需求的人。所以技术的可行性指的就是可以生产出来。商业的可持续性就是卖得掉而且一直卖得掉。人的需求性就是要卖给有需求的人。这样是不是就很容易理解和记忆了？

本案例的原始分类出自一本讲设计思维的书，设计思维本身就是一种用结构化思维生成创造性思维的思维方式。我们看到，即使在这样与结构化思维相关的著作中，主要的概念分类还是不能做到符合易理解的 MECE 原则，也没有试图赋予结构以易理解的意义。这让我们感慨结构化思维的实践仍然任重道远。

需要探讨的问题是，我们每次的思维结构化过程都需要做到符合 MECE 原则吗？

在实际操作中，虽然我们很难每次思维结构化过程都做到符合 MECE 原则，但笔者还是认为，我们应该尽可能往符合 MECE 的方向努力。如果思维结构化没有做到符合 MECE 原则，那可以说我们的思维还不够全面和深入，甚至还比较肤浅。

从更高的要求看，即使某一个维度做到了符合 MECE 原则，也不意味着结构化思考的终结。在重要问题上，我们要尽可能**发掘多个维度**，并在这些维度都进行符合 MECE 原则的结构化思考，这样我们的结构化思维才算到位。

思维可视化和结构化是一个厘清自己思维、厘清他人思维乃至厘清众人思维的过程。在思维可视化和结构化完成后，我们仍然处在思考问题比较肤浅的阶段，仍然不能避免很多认知谬误，思维质量依然不高。此时，需要对已经可视化、结构化的思维进行批判性思考，提升思维质量。

需要强调的是，虽然在简单的思考过程中，结构化思维的过程显得可有可无，但是在进行复杂的思考时，思维结构化这个步骤十分重要，不能跳过。如果我们跳过这个步骤而直接对可视化思维进行批判性思考，经常会显得十分困难，难以得出清晰的结论。

总之,思维可视化和结构化非常实用,我们要将其为我所用,必须将它们培养成一种意识、一种习惯。我们只有具备了思维可视化和思维结构化的意识和习惯,才能逐步提升相关的能力。尤其是思维结构化的能力,需要长期有意识地练习、训练和培养。当我们具备了思维可视化、结构化的意识、习惯和能力后,我们就可以更好地运用下章介绍的批判性思维方法。

下面我们用一个简单的例子来说明结构化思维在复杂问题中的运用。这个案例选自《金字塔原理》,笔者在原案例的基础上进行了拓展。

假设你有一家公司,30年来一直用同一种方法销售有巨大需求量的工业设备,效果非常好,销售人员会列出潜在客户的名单,写好针对潜在客户的推销信,然后按照名单邮寄给他们,接着就会顺利收到订单。

公司一直做得很出色,销售额以大约每年10%的速度持续增长,但到了今年第四季度,种种迹象表明销售额将减少

10%，而不是增加10%。面对这突如其来的问题，公司希望尽快采取有效措施，使销售恢复正常。

现有结构和流程如图3-8所示：

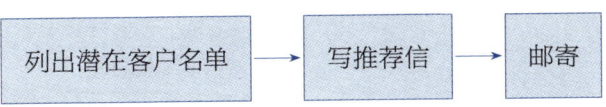

图3-8 现有销售结构和流程图

困扰/困惑（见图3-9）：

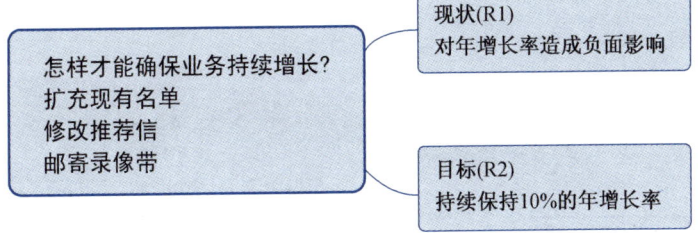

图3-9 困扰/困惑图

解决方法通常从改变现有结构和流程入手（见图3-10），在上述案例中，销售额降低的原因可能包括：

- 潜在客户名单已经失效（和/或）；

- 销售信没有说服力（和/或）；

- 邮寄效率低、效果差。

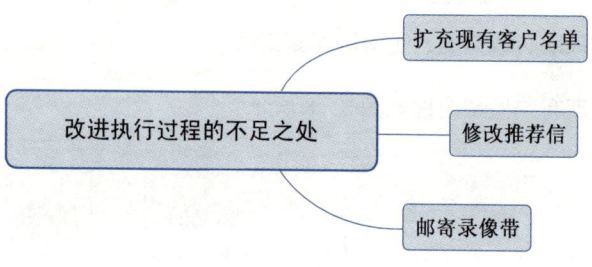

图 3-10　改进方法图

以上为原书中结构化思考的改进方法。思考的维度太少，不够全面。笔者在进一步思考后，扩展为如下结构（见图 3-11）：

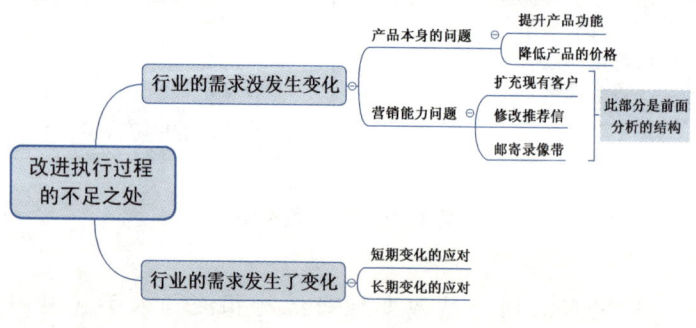

图 3-11　扩展改进方法图

我们看到，进行多层次的结构化思考后，思想的广度和深度得到了提升。

我们用问题的形式对本章要点进行总结：

1. 什么是思维结构化？

2. 思维结构化需要遵循的原则有哪些？

3. 什么是 MECE 原则？

4. 有哪几种常用的思维结构？

5. 思维结构化步骤中的要点是什么？

拓展问题：

1. 你认为需要赋予结构以意义吗？

2. 你认为是不是每个结构化思考都应当尽可能做到符合 MECE 原则？

3. 尝试在你的实际工作中拓展结构化思考的维度？

第四章 结构化批判性思维 使批判性思维更易实用

4

一 什么是批判性思维和结构化批判性思维？

批判性思维的定义很多，其普遍接受的基本定义是：批判性思维就是通过一定的标准评价思维，进而改善思维，是合理的、反思性的思维，既是思维技能，也是思维倾向。批判性思维最早可以追溯到苏格拉底。在现代社会，批判性思维被普遍确立为教育特别是高等教育的目标之一。

我们为什么需要批判性思维？

批判性思维是理性的思维，是符合逻辑和科学标准的思维。它可以使我们不轻易受情感、欲望、无关考虑、认知偏差等认知谬误的影响。

如果我们具备基本的慢思考素质，运用批判性思维将有助于识别三类根源的谬误,明显地提升我们的思维质量。

批判性思维具有很高的实用价值。在信息泛滥的快时代,错谬信息随处可见,如果我们不具备批判性思维,就经常会被误导,而被误导的结果有时很严重。

笔者将结构化思维与批判性思维相结合,提出了**结构化批判性思维**的概念,具体如下。

(1)结构化思维与批判性思维都是非常实用的思维方式,在现实中,两者应当结合起来实用,以起到 $1+1>2$ 的效果。

(2)笔者用结构化思维来梳理和分析批判性思维,使传统意义上的批判性思维更容易理解、记忆和实用。

(3)在思维理论中,与批判性思维对应的是创造性思维。批判性思维与结构化思维的有机结合,有助于产生创造性思维。

二　批判性思维有哪些基本概念？

1. 断言

在批判性思维中，表达信念的陈述叫作断言。实用起见，本书不区分断言、信念、观点等用词。

断言分为客观断言和主观断言。任何断言都有真假，客观断言的真假不取决于人们怎么想，而主观断言的真假则依赖于人们怎么认为。

（1）**客观断言**

客观断言是可以正确说出结论的断言，虽然其有可能为假。我们遇到的几乎所有论证，都包含对这个世界曾经是什么样、现在是什么样以及将来是什么样的信念，论述者希望我们将这些信念当成"事实"加以接受。这些信念可能是结论，可能是理由，也可能是假设，我们可以把这些信念称为事实断言或客观断言。

例如，"老张是小张的爸爸"。这就是一句客观断言。我们可以去核实，这是否为一个真实的客观断言。

"火星上有生命"也是客观断言。虽然即使所有人都认为火星上有生命，火星上也不会真的突然出现生命。"上帝存在"也是客观断言，因为它是否为真并不依赖于人们是否认为它真。

所以，客观断言即事实断言虽然名称里含有"事实"两个字，但未必真的就是事实。有些事实断言实际上仅仅是某种信念，需要去核实或论证。

"练习瑜伽降低了患癌症的风险。"

"打游戏促进手眼之间的协调能力。"

"越来越多的大学生翘课。"

对于类似上述事实断言，你可能会有这样的疑问，"这些断言真的是事实吗？""证据的效力怎么样？"

人们有时候将快速的推理当作事实，但实际上事实是需要得到论证或核实的。

请想象这样一幕：你站在机场或火车站大厅，一对男女正在争吵。你在那里等人，刚巧能听到他们的争吵。你偶尔能听到诸如"家""孩子"一类的话。那么，你可能会不加犹豫地得出结论：他们是一对情侣。这个推论看起来是符合逻辑的，但其实并不是。也许这两个人是在争论一篇报纸上的新闻。但是我们的大脑却仓促地做了判断。

以上案例如果是认知谬误，就是属于第一类根源的认知谬误，即仓促运用了快思考。

事实断言常常运用在一些论证中，作为论据支持，以及作为论证的一部分。请看以下例子。

① 经常使用头戴式耳机可能会造成听觉损耗。研究人员对比了251名学生佩戴这种耳机的频率和持续时间，发现49%的学生在经常使用头戴式耳机后表现出听力损伤的症状。

② 美国需要更严格的枪支管理制度，涉枪案件的数量在

最近 10 年里大幅度的增加。

以上我们当作事实来做的描述，其实有时是我们的信念，它的效力是需要被证实的。对此，我们要问以下几个问题：

① 是不是无可挑剔的常识？

② 是不是经过了无懈可击的论证？

③ 是不是有坚实的证据作支撑？

如果论据和论证都无懈可击，则如图 4-1 所示。

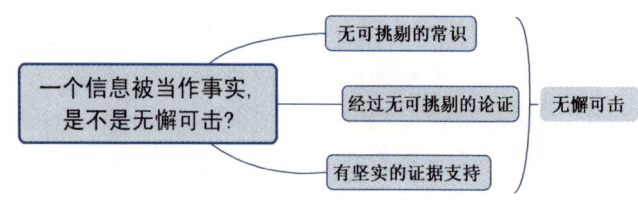

图 4-1 证实事实效力的过程 1

这些问题可以归纳为：① 论据和论证都无懈可击；② 理论上和实践上都无懈可击。如图 4-2 所示。

以上戴耳机是否损伤听力的案例我们可以用图 4-3 来展示和分析。

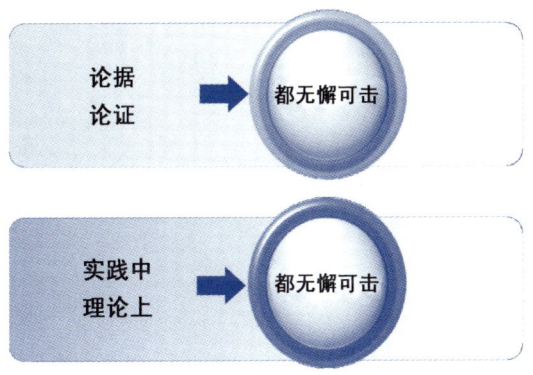

图 4-2 证实事实效力的过程 2

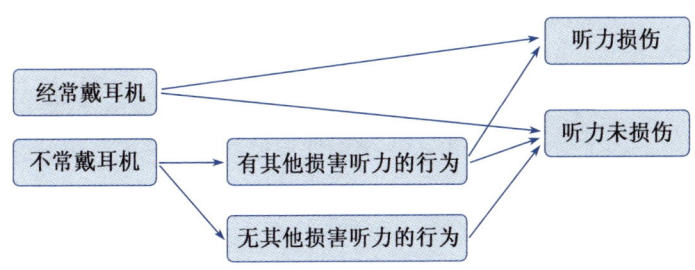

图 4-3 对戴耳机是否损伤听力的分析

经过以上结构化的展示和分析,我们会更加全面地认识戴耳机对听力的损害问题。

(2) 主观断言

主观断言是真假取决于人们认为它是真还是假的断言。

以下是主观断言:

① 日本人都很勤劳;

② 年轻人办事比较草率;

③ 女人最适合做秘书工作;

④ 领取社会福利的人都比较懒惰。

主观断言和客观断言在一句话中是可以混合的。 比如:

小王昨天又把老板交代的事情办砸了,年轻人办事就是草率。

前一句是客观断言,后一句是主观断言。

客观断言和主观断言是批判性思维中最基本的概念。

2. 论证

论证的定义很多,可以简单理解为用前提、论据来证明结论、论点的逻辑过程。

论证经常用来表述他人的观点，也用来表述自己的观点。

论证的基本结构包括：前提和结论。论证有两种展现形式，一种是先有一系列的前提，然后有结论，示例如下：

前提1：小明成绩优异。

前提2：小明诚实善良。

前提3：小明遵纪守法。

前提4：小明孝敬父母。

……

结论：小明品学兼优。

第二种展现形式是先有结论，再列出一系列的相关理由的论证形式。如下所示：

结论：小明品学兼优。

理由1：小明成绩优异。

理由2：小明诚实善良。

理由3：小明遵纪守法。

理由4：小明孝敬父母。

论证有两点基本规则：支持结论的前提必须是真的；前提要与结论相关。

需要特别注意的是，**逻辑层面上的真未必是事实上的真**。

真：一个断言如果不是假的，它就是真的。

"真"包括以下几种情况（见图 4-4）：

① 你相信它是真的；

② 你证明它是真的；

③ 没有反证说明它为假。

以上几种情况在逻辑层面，都可以说是真的。

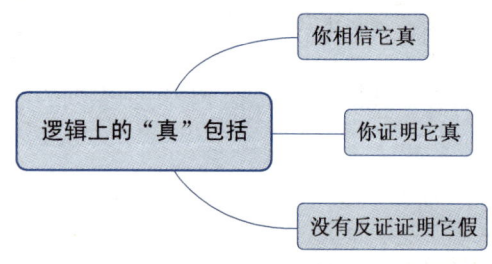

图 4-4　逻辑上的"真"

以上结构不符合 MECE，难以记忆和运用。结合 MECE，可作出如图 4-5 的结构。

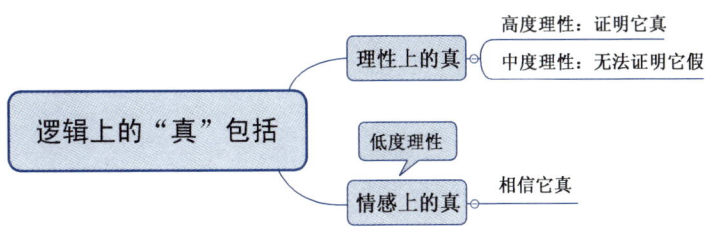

图 4-5　逻辑上的"真"(符合 MECE)

这样是不是感到容易理解、记忆和运用了？

论证分为演绎论证和非演绎论证。

（1）演绎论证

演绎论证是一种有效论证。前提如果是真，结论不可能为假。

演绎论证只涉及逻辑，无关于事实。只要前提为真，只要逻辑正确，就是有效的演绎论证。

例1： 错误的演绎论证的例子。

前提：如果下雨，街道就会湿。

次要前提：街道湿了。

结论：下雨了。

例2： 正确的演绎论证的例子（见图4-6）。

前提：如果下雨，街道就会湿。

次要前提：街道没有湿。

结论：没有下雨。

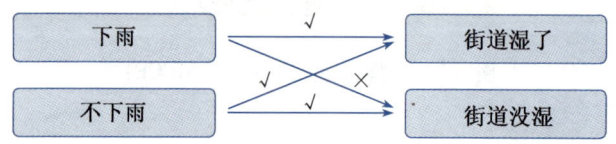

图4-6 演绎论证示例1

例3： 错误的演绎论证的例子（见图4-7）。

前提：如果下雨，我们就会开心。

次要前提：我们明天不会开心。

结论：明天不会下雨。

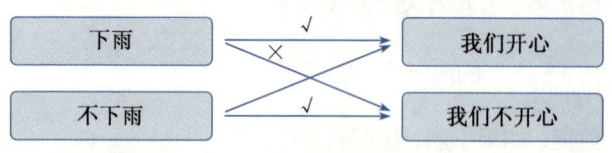

图4-7 演绎论证示例2

例 1 的错误在于前提错误，街道湿了并不一定是因为下雨，也有可能是街道管道破裂；而例 3 的错误在于虽然逻辑的形式是正确的，但是由于前提与结论的无关，即前提并不为真，导致逻辑形式正确而结论错误。

（2）**非演绎论证**

非演绎论证：前提不证明结论，但前提支持结论。正因为前提不能严格证明结论，所以不能达成共识的情况很多来自非演绎论证。

关于演绎论证和非演绎论证，我们可以这么简述：提供演绎证明，提供非演绎支持。

"一名妇女被谋杀了"，已知死者曾多次遭到丈夫的威胁。该事实当然不能证明死者是被丈夫谋杀的，仅凭该事实也几乎不能单独地支持凶手就是死者丈夫的结论。但该事实还是有点支持力的，它略微提高了丈夫是凶手的可能性。当然，如果知道他于妻子死前曾不止一次地威胁妻子，侦查人员就会仔细审问他。

依据前提给结论提供的支持程度的不同，非演绎论证分为好论证和坏论证。逻辑学用强和弱分别描述这两种不同的论证。前提为结论提供的支持程度越高，非演绎论证越强；前提为结论提供的支持程度越低，非演绎论证越弱。对于"丈夫是凶手"的结论，前提"丈夫多次威胁妻子"提供了程度较低的支持，前提"凶器上有丈夫的指纹"提供了程度相当高的支持，二者相比，后者是较强的论证。

无论是自己运用非演绎论证还是辨识他人的非演绎论证，都需要一定的科学素养，包括自然科学素养和人文科学素养。逻辑素养也是一种重要的科学素养。当然，受众如果与论证人的价值观不同，对论证的理解会有困难，这需要我们找出论证中的潜在价值观前提。后文将对此进行介绍。

（3）前提

论证的一个要素是前提。实际上，在给前提做定义之前，我们前文已经大量地使用了这个概念。即使不定义它，我们也能够理解：一个最基本形式的论证，是一组陈述，其中一个或更多的陈述（前提）被要求为另外的一个陈述（结论）提供相信或者支持的理由。

前提有多种形式（见图4-8）：

① 大前提；

② 小前提；

③ 子前提；

④ 隐藏性假设前提；

⑤ 辩驳性假设前提。

重要而易被忽视的前提有两个。

A. 隐藏性假设前提

有些前提没有用文字明确表达出来，而是隐藏在语义之中，这就是隐藏性前提，也叫隐藏性假设前提。隐藏性假设前提又分为隐藏的**描述性假设前提**和隐藏的**价值观假设前提**两种。描述性假设是指在论述者心目中世界"是什么样子"的观念，而价值观假设是在论述者心目中世界"应当是什么样子"的观念。

B. 辩驳性假设前提

当论证人知道受众会对其论证的某些方面进行辩驳时，特意针对受众可能的辩驳而进行说明，这些说明即辩驳性前提，也叫辩驳性假设前提。

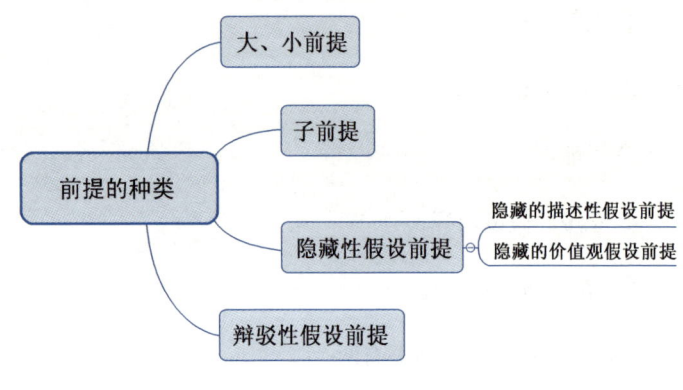

图 4-8 前提的种类

有时候员工跟领导提建议，领导当时点头说"有道理"，但事后为什么不采纳？很大程度是因为领导心里有不同的看法，但是没有说出来。此时，作为员工就应该尽可能思考领导可能的顾虑，把辩驳性前提明确地讲出来！

我们在做论证时，**一定要注意把隐藏性假设和辩驳性假设补充完整。当我们让隐藏的前提清晰化，就可以暴露真正的分歧所在。**我们来举例说明如何将隐藏性假设前提和辩驳性假设前提补充完整。

前提1：在美国，手枪容易取得，导致许多事故和不必要死亡的发生。

前提2：成年人不可能完全阻止未成年人通过非法渠道获得枪支。

结论：所以，我们应当限制手枪，只允许持证者在需要时使用。

以上是一个现实中常见的表述，似乎已经具备了一定的说服力。实际上，以上论证隐藏着两个前提，一个是价值观假设前提（对好坏对错作出主观判断），一个是描述性假设前提。补上隐藏前提之后，论证如下（见图4-9）。

前提1：在美国，手枪容易取得，导致许多事故和不必要的死亡事件的发生。

前提2：大人们不可能完全阻止未成年人通过非法渠道获得枪支。

隐藏的价值观假设前提：我们应该采取一切措施减少事故和不必要的死亡事件。

隐藏的描述性假设前提：限制手枪，只允许持证者拥有，这样的做法会减少枪击受害者数量。

结论：所以，我们应当限制手枪的使用，只允许持证者在需要时使用。

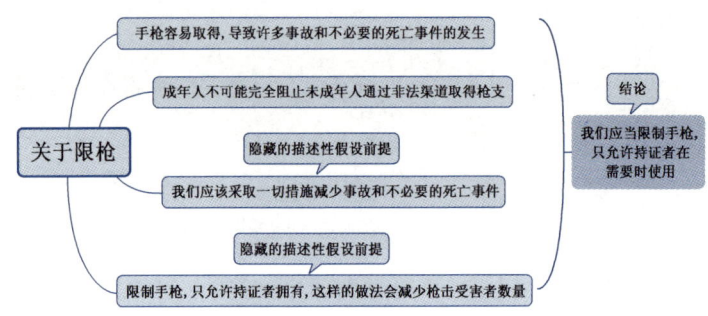

图 4-9　关于限枪的论证过程

找到隐藏的前提并将其补充到论证中去，这是一个重要的理念，也是一个特别重要的技能。既然它是技能而不是知识，就说明是需要大量的练习才能够掌握的。经常地，**找到隐藏的假设前提并不是件容易的事**。

实例：

2020 年 3 月末。上证指数 2 700 多点。

投资者：现在全球疫情非常严重，我看不清楚，我想等到疫情快结束了或者至少情况比较明朗了再买股票。

以上场景当时很常见，也似乎很合理。但是投资者的这个论述中隐藏了一个关键的假设。大家能不能把它找出来？

其实被隐藏的不止一个假设。比较容易找到的隐藏假设是投资者可以在某个时点判断情况已经比较明朗了，而不会一直对此判断不清。另外一个不太容易发现的隐藏假设是，股票市场走势与宏观经济或者微观经济基本面情况的走势节奏一致。即基本面走好，股市就会走好；基本面走弱，股市就会走弱。

这个被隐藏的假设是否成立是值得推敲的。实际上，无论中国股市还是外国股市，其走势与基本面走势的节奏在绝大多数情况下是不一致的，所以当下买股票是不是合适，股票后市是涨了还是跌了，受很多因素影响，且有一定的运气成分在内；但如果依据以上隐藏性假设来做出分析、论证和决策，无疑是不严谨的，是值得商榷的。进一步地，我们发现，以上隐藏性假设是一个描述性假设。

本书中会有若干案例来说明，**思维的可视化＋结构化与严谨的演绎论证相结合可以帮助我们找到隐藏的假设**（见图4-10）。

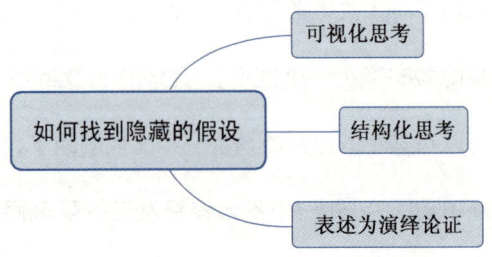

图 4-10 如何找到隐藏的假设

我们以本例来展示一下这个过程。

第一步是思维可视化。最粗浅的可视化是文字化,表达如下:

"我现在看不清疫情的未来发展情况,我想等疫情快结束了再买股票。"

我们对以上表述进行力所能及的补充:

"我现在看不清疫情的未来发展情况,我想等疫情快结束了(那时候可以看清)再买股票,(因为那时候股票会涨)。"

第二步是思维结构化。结构如图 4-11 所示。

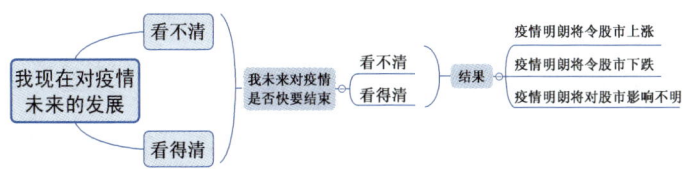

图 4-11 思维结构图示例

第三步我们尝试做演绎论证。

前提：基本面向好则股市会涨。

前提：疫情明朗意味着基本面向好。

结论：所以疫情明朗将令股市上涨。

这三个步骤以及相应的推敲，将帮助我们找到尽可能多的隐藏性假设。

（4）前提与结论的关系

前提和结论都是一个论证的组成部分。根据一些逻辑学家的研究，前提与结论的关系有如下一些情况：不接受前提；前提与结论不相关；前提与结论相关但不被接受；前提与结论完全被接受；前提与结论不能完全接受。

以上是结构化之前的描述，每个句子可以理解，但整体难以理解和记忆，我们需要将之结构化。借助前文说到的结构化的技能,用可视化结构来展现前提和结论之前的关系。

前提本身有两个状态(见图4-12):接受与不接受。即对于前提本身,我们能够接受或者不能接受。但是即便我们接受了前提本身,也未必接受结论。

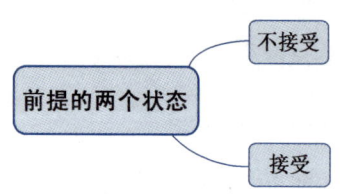

图4-12 前提的两个状态

除了考察前提本身,我们还要考察前提与结论的关系。可以提炼为两个问题:**前提可否证明结论? 前提可否支持结论?** 具体有以下几个状态(见图4-13)。

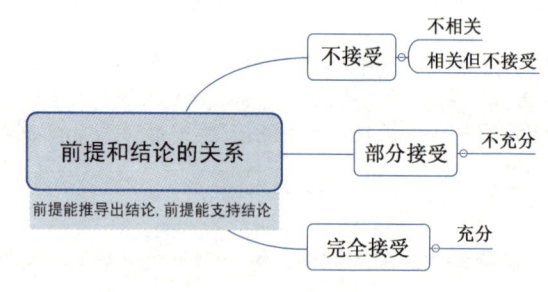

图4-13 前提和结论的关系

① 不接受：即不能接受前提与结论的关系。又可细分为不相关和相关但不接受，意即之所以不能接受前提和结论的关系，一是因为前提与结论根本不相关，二是因为前提虽然与结论相关但是仍然不能推导出结论。

② 部分接受：即不充分。前提可以对结论提供一些支持，但是不够充分。

③ 完全接受：即充分。前提可以充分证明结论或者对结论提供足够充分的支持。

显然，在结构化处理后，前提和结论的关系更加清晰，而且易记忆、易掌握、易运用了。

笔者读过的一篇讲逻辑的文章在谈到什么是好的论证时，举出以下几点：

A. 前提为真或可信度高；

B. 论证有效或强归纳性；

C. 前提不是丐题（循环论证）；

D. 所有前提与结论相关。

不能不说以上归纳是有道理的，但是因为没有做结构化处理，难以理解、难以记忆、难以运用。

其实结构化后就两点（见图 4-14）：

前提质量高；（前文 A、C）

前提推出结论的过程质量高。（前文 B、D）

显然，结构化后更容易理解、记忆和运用。

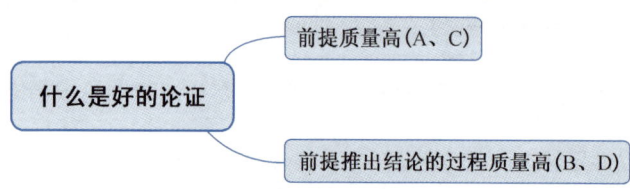

图 4-14　什么是好的论证

我们知道论证经常是为了说服别人，根据亚里士多德的理论，有三种经典的说服模式：道德、情感、逻辑。

用道德说服是指：说服人自己或者说服人举出的名人的背景、成就、民望增强说服别人的力量。

用情感说服是指：说服人设法增强与他人的情感共鸣以达到说服别人的目的。

令人诧异的是，用严谨、科学的逻辑去说服别人，反而是效果最差的。而本书研究的结构化批判性思维就是一种严谨的思考问题、表达问题的方式,那么这是不是说我们学习的结构化批判性思维就没什么用呢? 笔者认为不能这么说。 因为即使我们用道德和情感去说服别人,也需要严谨地思考如何去说。 我们运用结构化批判性思维的理念和方法,可以提升上述严谨思考的质量。

3. 解释

解释不同于论证,论证是要通过为真的前提与科学严谨的前提和结论之间的关系推导出结论,是证明结论或支持结论。

解释不是证明结论或支持结论,而是对结论或事实的现实存在做出一种说明。

举例:

小明迟到了。

因为他的闹钟没响。

闹钟没响就是关于小明迟到的一个解释,而闹钟没响并不必然导致小明迟到。

无论是演绎论证还是非演绎论证,我们反复强调,我们主要关注的是逻辑，而不是真正意义上的事实。所以，论证强调的是逻辑。而解释虽然也有逻辑的成分，但更强调对现实做出一个说明。

有一个重要的概念叫作**"最佳解释"**，有以下含义：

① 最充分解释；

② 与其他被接受的解释冲突最小；

③ 能精确预测未来；

④ 需要最少的不必要前提和假设。

对于以上几点解读，我们大体能够理解，但是由于没有做结构化处理，我们很难理解、记忆和运用。我们可以运用结构化方法，对以上最佳解释的描述进行以下处理（见图4-15）。

理论方面： ① 自己的理论：需要最少的不必要前提与假设。② 其他的理论：与其他被接受的解释的冲突最小。总之，自己的理论本身较自洽，并比较兼容其他理论。

实践方面： ① 解释现在最充分。② 预测未来最精确。

经过上面的结构化处理，"最佳解释"基本符合MECE原则，是一个易理解、易记忆、易运用的好结构。

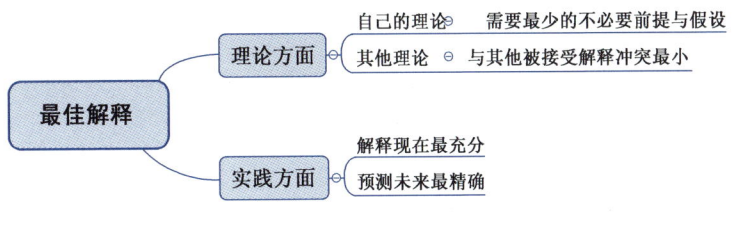

图 4-15　最佳解释

人们很擅长用一些所谓的理论来解释一些事情或者说法，即便某些说法并不是事实，也不妨碍很多人用多种理论去解释。

事实上，能用理论去解释的未必正确，不能用理论解释的未必错误。

中国民间有一个"七十三，八十四，阎王不请自己去"的说法，认为在这两个年龄上的人更容易去世。我们凭直觉就感到这个定律不太可能对。推想起来，可能是因为孔子和孟子分别死于这两个年龄，人们就认为这是人生中的两道大关，然后每当听说有人在这个年龄去世都会进一步加深印象，以至于总结了这个纯粹是错觉的"定律"。但有人不满足于直觉分析。一篇网上流传的文章认为这是一个"科学家验证"过的规律："科学家的回答是肯定的"。这篇文章说"科学家们经过了反复研究"，发现"人的生命有一个周期性的规律，大致7～8年为一个周期"，而73岁和84岁正是这个周期的低谷。如果能用理论解释，它就得到科学验证了吗？能用理论解释的结论未必正确，不能用理论解释的结论未必错误，因为所采用的理论本身未必正确。只要随便查询死亡年龄分布数据就会发现，73岁和84岁并不比其他邻近年龄更容易让人遭受死亡。

三 结构化的演绎论证
是什么样的？

笔者在本节将传统的演绎论证用结构化的理念去展示和分析。

演绎论证的两个基本方法是文恩图法和真值函数法。

1. 文恩图法

文恩图是一个奇妙的工具。一个圈代表一种元素，当两个圈产生交集，有重叠区域时，代表他们两者之间有相同的元素。以下四种类型的直言判断，A、I、E、O，分别位于下面矩阵图的各个位置，形成演绎论证的文恩图法（见图4-16）。

	肯定	否定
所有的	A	E
有的	I	O

A:所有的 S 都是 P

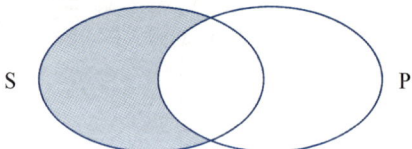

I:有的 S 是 P

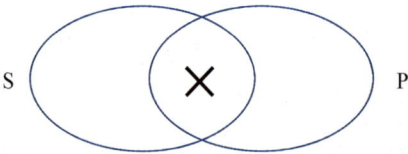

E:所有的 S 都不是 P

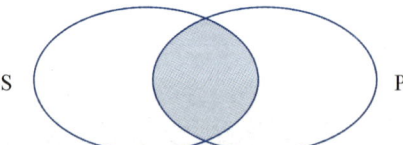

O:有的 S 不是 P

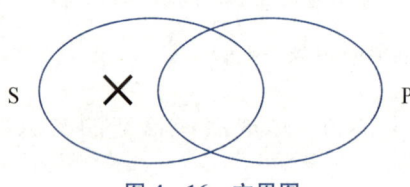

图 4-16 文恩图

以上我们用文恩图来呈现和分析演绎论证的有关问题，就是可视化思维；并且我们注意到，以上四种直言判断的经典分类无论是横轴还是纵轴，都符合 MECE 原则。即**以上四类直言判断及其文恩图展示，完美地体现了思维可视化和结构化！**

所以，文恩图也是一种结构图，能将相同性质的因素之间的关系形象地展示出来。

我们来看一个稍复杂的演绎论证案例：

前提：所有做礼拜的人都是信徒。

前提：无神论者不是信徒。

结论：无神论者不是做礼拜的人。

以上案例如果直接去想，对于普通人来说有一点困难，容易出错。但如果画文恩图（见图 4-17）来分析，就很简单了。

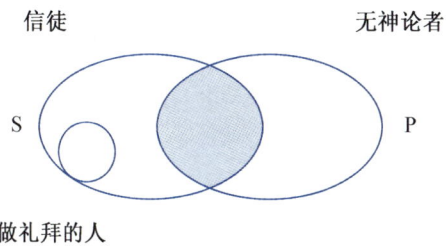

图 4-17　文恩图分析示例

从上图可知，做礼拜的人与无神论者没有交集，所有的无神论者都不是做礼拜的人，即以上论证的结论正确。

2. 三种关于直言判断的运算

（1）换位

换位即在标准格式的四种直言判断中，改变主项和谓项的位置而其他不变。四种直言判断换位后的结果如下：

对 E 判断和 I 判断分别进行换位，换位后等值；

对 A 判断和 O 判断分别进行换位，换位后不等值。

例 1 （见图 4-18）：

A 判断：所有做礼拜的人都是信徒；

换位后：所有信徒都是做礼拜的人，不等值。

A：所有做礼拜的人都是信徒；
换位后：所有信徒都是做礼拜的人，不等值。

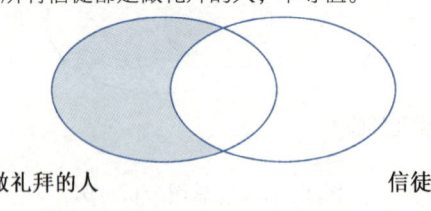

图 4-18　A 判断换位

例2 （见图4-19）：

I判断：有的国家的首都是大城市；

换位后：有的大城市是国家的首都——等值。

I：有的国家的首都是大城市；
换位后：有的大城市是国家的首都，等值。

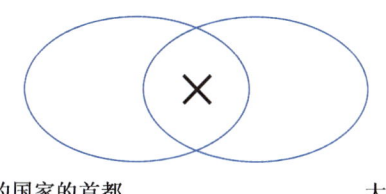

有的国家的首都　　　　　　　大城市

图4-19　I判断换位

例3 （见图4-20）：

E判断：所有鱼不是哺乳动物；

换位后：所有哺乳动物不是鱼——等值。

E：所有鱼不是哺乳动物；
换位后：所有哺乳动物不是鱼，等值。

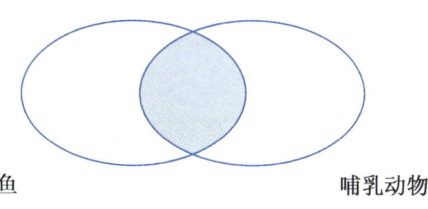

鱼　　　　　　　　哺乳动物

图4-20　E判断换位

例4 （见图 4-21）：

O 判断：有的参赛者不是获胜者；

换位后：有的获胜者不是参赛者——不等值。

O：有的参赛者不是获胜者；
换位后：有的获胜者不是参赛者，不等值。

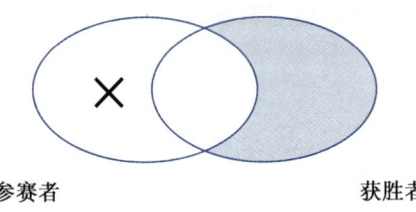

图 4-21 O 判断换位

（2）换质

换质即把肯定判断变成否定判断，把否定判断变成肯定判断。

对 A、I、E、O 四种直言判断而言，换质前后的判断都是相互等值的。

例1 （见图 4-22）：

A 判断：所有做礼拜的人都是信徒；

换质后：所有不做礼拜的人都是非信徒——等值。

A：所有做礼拜的人都是信徒；
换质后：所有不做礼拜的人都是非信徒，等值。

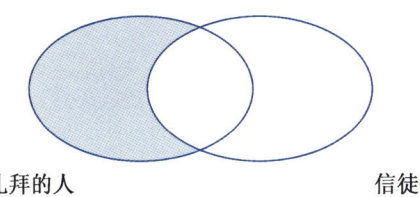

图 4-22　A 判断换质

例2　（见图 4-23）：

I 判断：有的国家的首都是大城市；

换质后：有的国家的首都不是大城市——等值。

I：有的国家的首都是大城市；
换质后：有的国家的首都不是大都市，等值。

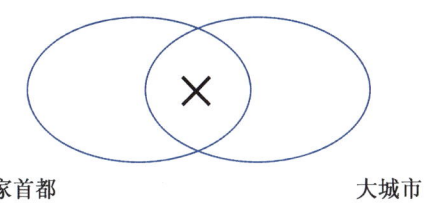

图 4-23　I 判断换质

例3 （见图4-24）：

E判断：所有鱼不是哺乳动物；

换质后：没有鱼是哺乳动物——等值。

E：所有鱼不是哺乳动物；
换质后：没有鱼是哺乳动物，等值。

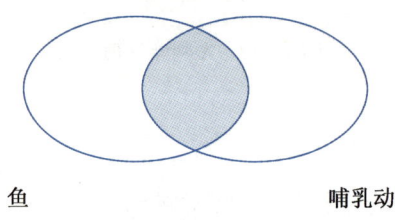

图4-24　E判断换质

例4 （见图4-25）：

O判断：有的参赛者不是获胜者；

换质后：有的参赛者是获胜者——等值。

O：有的参赛者不是获胜者；
换质后：有的参赛者是获胜者，等值。

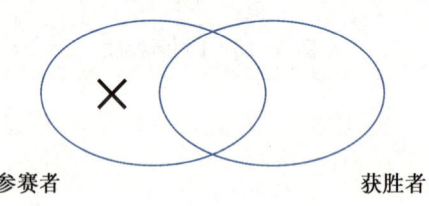

图4-25　O判断换质

（3）换质位

换质位是既换质又换位，A、O换质位前后等值，但E、I换质位前后不等值。

例1 （见图4-26）：

A判断：所有做礼拜的人都是信徒；

换质位后：所有非信徒都不是做礼拜的人——等值。

A：所有做礼拜的人都是信徒；
换质位后：所有非信徒都不是做礼拜的人，等值。

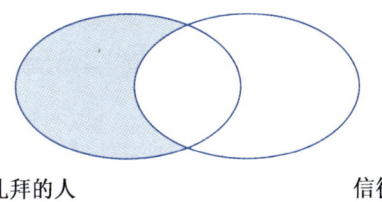

图4-26 A判断换质位

例2 （见图4-27）：

I判断：有的学生是留学生；

换质位后：有的留学生不是学生——不等值。

I：有的学生是留学生；
换质位后：有的留学生不是学生，不等值。

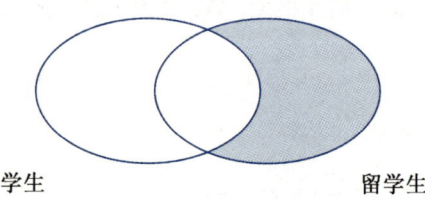

图 4-27　I 判断换质位

例3　（见图 4-28）：

E 判断：所有鱼不是哺乳动物；

换质位后：所有非哺乳动物是鱼——不等值。

E：所有鱼不是哺乳动物；
换质位后：所有非哺乳动物是鱼，不等值。

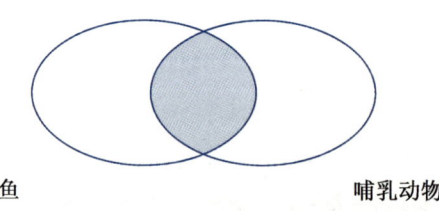

图 4-28　E 判断换质位

例4　（见图 4-29）：

O 判断：有的市民不是选民；

换质位后：有的非选民是市民——等值。

O：有的市民不是选民；
换质位后：有的非选民是市民，等值。

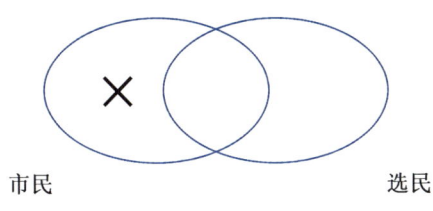

图 4-29 O 判断换质位

3. 三段论

三段论是演绎论证中的一种常见的基本论证模式。

（1）直言三段论的三个要素

大前提、小前提、结论。大前提是一个一般性的大原则；小前提是附属于前面大前提的特殊化陈述；结论就是大前提和小前提可以推导、引申出的符合一般性原则的特殊化陈述。

在三段论的大前提、小前提和结论中，存在三个基本要素，我们称之为大项、中项和小项。

大项是结论中的谓项,小项是结论中的主项,中项是不出现在结论中的。

举例:

大前提:所有的马是动物;("动物"是大项,"马"是中项)

小前提:斑马是马;("马"是中项,"斑马"是小项)

结论:斑马是动物。("斑马"是小项,"动物"是大项,中项"马"不出现在结论中)

在进行三段论推理时必须遵守一些规则,违反三段论的以下任一条规则,都不能得出正确的结论。三段论规则可分为关于词项的规则和关于前提的规则两个部分。

关于词项的规则有三条。

(1)一个三段论有且只能有三个不同的词项,即中项、大项和小项。违反这条规则,比如有四个不同的词项(概念),就会犯四概念错误。

(2)中项在前提中至少要周延一次,否则就要犯中项不周延错误。

（3）在前提中不周延的项，在结论中也不得周延，否则就会犯大项扩大或小项扩大的错误。

关于前提的规则有四条。

（1）两个否定的前提不能得出结论。

（2）如果前提中有一个是否定的，则结论必是否定的；如果结论是否定的，则前提中必有一个是否定的。

（3）两个特称的前提不能得出结论。

（4）前提中有一个是特称的命题（判断），其结论必是特称的命题（判断）。

一个有效的三段论，如果前提为真，则可视作结论为真。当一个论证有效时，不可能出现前提为真而结论为假的情况。反过来说，如果结论为假，则必然前提为假；如果一个三段论"看起来"前提确实为真，但结论被证明或证实确实为假，则说明这个三段论的前提仍然有假，只是我们没有看出来。

（2）用文恩图检验三段论的有效性

小项放左边，大项放右边，中项放下面（见图 4 - 30）：

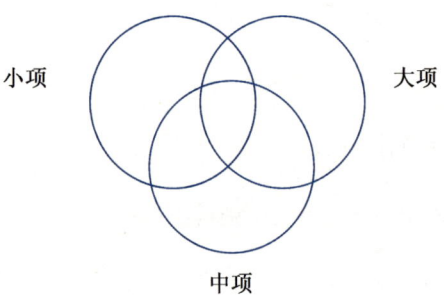

图 4－30　用文恩图检验三段论的有效性

举例（见图 4－31）：

没有素食者吃鱼；

所有吃荤的人都吃鱼；

因此没有吃荤的人是素食者。

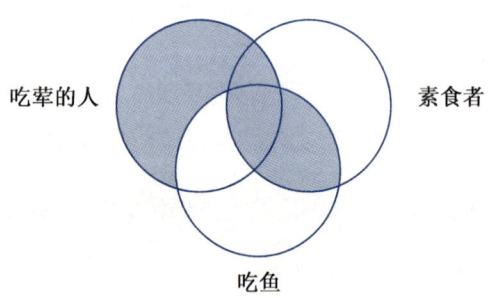

图 4－31　用文恩图检验三段论示例 1

这个三段论是有效的,只是表明其在逻辑层面是正确的,但并不表示在现实层面其结论是正确的,因为结论在现实中是否正确依赖于前提在现实中是否正确;并且,即使结论正确,也不表示每个前提都正确。在本例中,虽然结论是正确的,逻辑过程也是正确的,但"所有吃荤的人都吃鱼"这个前提就显然不符合现实。

为了进一步在文恩图中看清楚结论,我们可以用数字括号来表达(见图4-32):

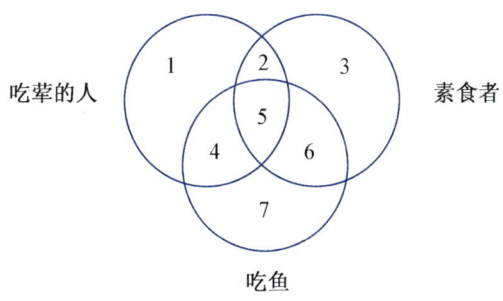

图 4-32　用文恩图检验三段论示例 2

没有素食者吃鱼,素食者(2,3)

所有吃荤的人都吃鱼,吃荤的人(4,5)

结论:没有吃荤的人是素食者。(正确)

（3）三段论在实践运用中的注意事项

① 有些三段论含有未表达的前提，要注意用中项来连接。这往往出现在一些简略的三段论中。

② 结论中周延的词在前提中也是周延的。

周延的含义是该词项包括了此词项中的每个成员。

在上面的例子中，结论中的"吃荤的人"这个词就是周延的，包含了所有吃荤的人。

例1：一个不用文恩图很容易出现误判的例子

那些忽略了与案情相关事实的人很可能做出错误判断（A）；而刑事审判中公诉人都不会忽略相关事实（E）；所以刑事审判中公诉人都不大会形成错误判断（E）。

我们将以上论述重构为三段论的标准格式：

① 因为所有忽略相关事实的人都是容易形成错误判断的人（A）（大前提）；

② 公诉人都不是忽略相关事实的人（E）（小前提）；

所以，公诉人都不是容易形成错误判断的人（E）（结论）。

以上论证从结论上看似乎是正确的。但当我们用文恩图（见图 4‑33）来验证时，发现这是一个错误的结论！

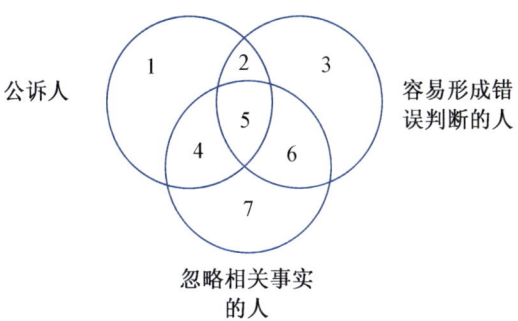

图 4‑33 用文恩图验证三段论示例 3

如上图：忽略相关事实的人为（5）（6）；公诉人为（1）（2）；因此，公诉人中（2）的部分是容易形成错误判断的人，与原结论不符。

例 2：前提与结论在周延方面不匹配

① 一切在道德上正确的行为，都是正当的（A）（大前提）；

② 但有一些给最多人带来最大好处的行为是不正当的（O）（小前提）；

所以，我们不得不认为，有一些道德上正确的行为不是能给最多人带来最大好处的行为（O）（结论）。

由于结论中的词"给最多人带来最大好处的行为"是周延的，而小前提中该词的表述是不周延的，因此，最后那句结论是得不到的。

4. 真值函数法

除文恩图以外，演绎论证的另一个重要方法是真值函数法，但由于该方法有大量的公式，为了提高本书的可读性，这部分的介绍略去，在很多逻辑专著中都能找到真值函数法的介绍。

5. 结构化的演绎论证在实际运用中的要点

在实际中，我们看到的演绎论证的表述不可能呈现得那么标准，不可能别人都给你标注了什么是结论，什么是前提。这就需要我们进行信息处理和加工。

通用的步骤是：

（1）先找到结论。这点我们需要再三强调，**一定要首先找到结论**，千万不要先去找前提、找假设、找逻辑。

（2）找到所有的前提。

（3）把隐藏的前提和结论都找出来。

（4）简洁而精准地用文字表达前提和结论，如果可能的话，尝试用图形、符号、编号、数字等可视化形式来表达相关前提和结论。

（5）用文恩图法或真值函数法来检验论证的有效性。

以上步骤完成了一个论证的形式逻辑层面的验证。当然，一个论证要在现实中为真，还需要做进一步的分析和判断，在这个环节，本书前面介绍的结构化思考的理念和方法大有可为，它可以提升我们思维的高度、广度和深度，提升我们思维的严谨度。

例 1：

旅游业现在已经处于失控状态。旅游业可能对经济发展大有裨益，但是它也会给地区环境和当地居民带来危害。我们应该采取更多措施来规范旅游业。如果我们继续任由这些人肆意妄为，那么我们这些居民必定会深受其害。

这个例子中，我们首先要把结论找出来："我们要采取更多措施规范旅游业"。

然后把前提找到："旅游业即将弊大于利"。

然后找到隐藏的前提："对即将弊大于利的行业要采取规范措施"。

论证过程是一个演绎论证：

对危害大于利益的行业要采取规范措施；（大前提）

旅游业目前危害大于利益；（小前提）

对旅游业要采取规范措施。（结论）

上面例子中，演绎论证的形式是没有问题的，因此是一个有效的演绎论证。至于该论证中有什么问题，我们后面再讨论。

关键还有以上论证过程中隐藏了一个前提：规范性措施一定会改变旅游业目前利大于弊的现状。这个前提同时是论证大前提的一个子前提。这个隐藏性前提的真实性是存疑的，需要重新做一个论证。

以上演绎论证的结构如图 4-34 所示：

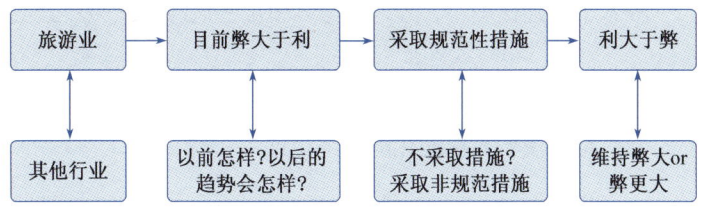

图 4-34　演绎论证结构图示例 1

从本例中可以知道，对一个论证做结构化处理的基本步骤是：

（1）首先提炼出论证的基本要素，这个要素可以是名词，也可以是动词，甚至可以是形容词、副词等。

（2）对以上基本要素逐个地做结构化处理，并使之符合 MECE 原则。这个环节有**两种结构化的基本思路，一是把某要素作为一个更大的 MECE 结构中的一分子**，描述出包含这个要素在内的更大的 MECE 结构；**二是把某要素分解为更小的要素**，并且这个分解也符合 MECE 原则。

下文会用若干案例来展示这个过程。

例 2：

根本不该建核电厂，因为核电厂里那些危险的核废料会给环境带来污染。

我们将之重构为标准化的演绎论证：

① 核电厂会给环境带来污染；（小前提）

② 凡是给环境带来污染的，无论有什么利益，都不能允许；（隐藏的大前提，也是价值观前提）

我们不能允许建核电厂。（结论）

以上演绎论证的结构没有毛病，但是大前提需要进一步的论证。

这个大前提隐藏了一个价值观假设，即污染会对人的健康造成重大伤害，凡是对人的健康造成重大伤害的项目无论其有多大的利益都不能上马。本书后面会再次提到这个例子，分析这个假设是否成立。

上述论证还隐藏了一个辩驳性前提：找不到一种方法能够做到，既控制了核电厂的污染也能创造经济利益（演绎论证结构见图 4-35）。

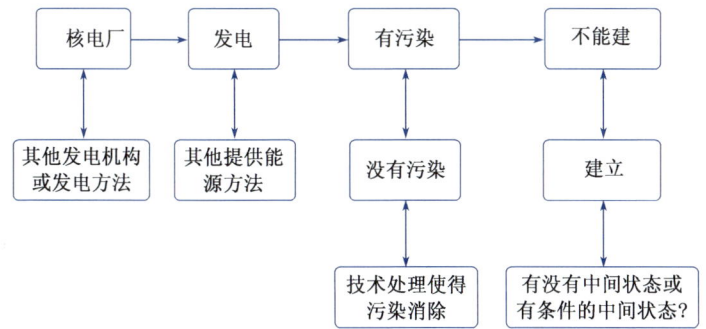

图 4-35　演绎论证结构图示例 2

从上例我们可以看到，挖掘隐藏前提这个事是不容易的，似乎从某种程度上来说是无穷无尽的，不知道什么时候算把所有的隐藏前提都挖掘完。这需要长期有意识地训练，需要把我们的思考真正慢下来。

例 3：

中学英语班的所有学生至少应该看一部莎士比亚的戏剧，因为直接体验和感受莎士比亚著作很有益。

我们将之重构为标准的演绎论证：

① 中学生应去做可以做到的很有益的事情；（大前提，也是隐藏的价值观前提）

② 看莎士比亚戏剧是可以做到的很有益的事；（小前提）

中学生应看莎士比亚戏剧。（结论）

以上演绎论证形式上很完美，是一个有效的演绎论证。但是把思考放慢，细细推敲，我们发现小前提是值得商榷的。它需要建立在以下假设的基础上：

① 表演必须非常逼真，准确反映莎士比亚在著作中提倡的内容，不能演得不好、演得不像；

② 学生可以理解这部戏剧，并能将它与莎士比亚联系起来；

①和②这两个想法必须都是成立的，才能让理由被人接受，因此才能暗暗支持得出结论。因此，更完整的论证是需要补充辩驳性假设前提，来针对反驳的理由作出回应，比如演得不好、演得不像、学生太年轻理解不了等问题。演绎论证结构如图 4-36。

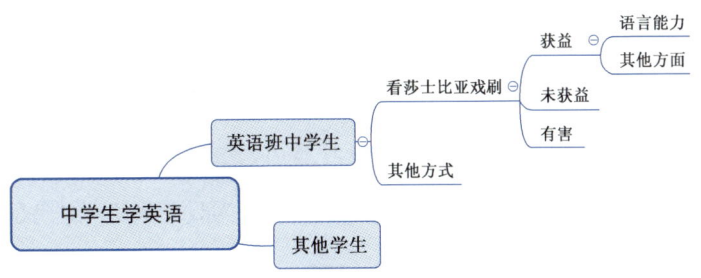

图 4-36 演绎论证结构图示例 3

以上结构图清晰地展示了我们对若干相关因素进行结构化思考的过程，它有助于使我们的思考更全面、更深入。

务必要再三强调的是，我们自己做任何一个论证或阅读他人的论证，都一定要**将结论自身的真实性与其形式逻辑相分离**。这是我们在论证实战中最需要遵循和警惕的原则。违反这个原则，是我们实际中最常见的错误之一。

例如，如果一篇文章的结论与我们原本的立场相同，我们就会认同这篇文章，即使这篇文章的逻辑错到离奇，我们也会视而不见。

举一个例子，假如文章可以抽象为：

前提：

- 斑马是动物；
- 马是动物。

结论：斑马是马。

我们下意识地就会认同这篇文章，因为我们认可"斑马是马"这个结论，所以我们忽视了其中逻辑推理过程。其实按照上述逻辑，我们也可以得出斑马是狗这样荒谬的结论。这个例子看似荒谬，但在当下这个信息泛滥而人们总是快速浏览信息的快时代，类似上面的情况每天都在发生——一些自媒体中的雄文以吸引眼球的标题、耸人听闻的结论来增加阅读量，其实如果细细推敲其逻辑，往往是错漏百出。我们其实真没有那么多时间去慢慢推敲乃至重构其逻辑，笔者建议大家留意每篇文章的作者，如果其以往文章逻辑质量太差，以后就可以直接忽略该作者的文章。

四 结构化的非演绎论证是什么样的？

前文我们说过，非演绎论证不是用来证明某个结论，而是用来支持某个结论的。这是非演绎论证的基本性质。非演绎论证需要遵循的最基本原则是：我们关注的是论证的相对强度，而不是结论自身为真的可能性。这个理念与演绎论证要遵循的基本原则的理念是类似的。

笔者在本节将结构化的理念加入非演绎论证中。

下面的例子是一个非演绎论证（见图 4-37）：

尽管某大城市的大学生联谊会因为以大欺小和狂欢聚会而变得声名狼藉，但是加入这类组织还是有很多好处的，你应该认真考虑入会的必要性。比如说，其中一个极大的好处就是

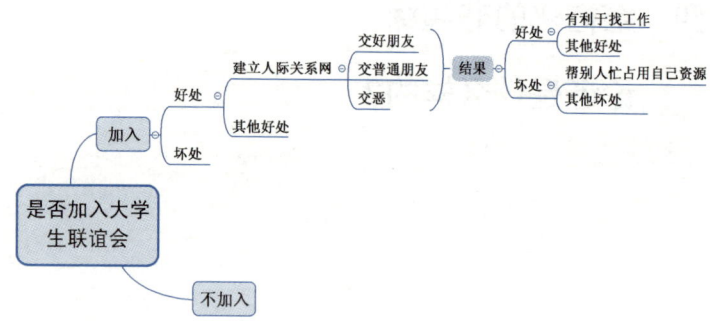

图 4-37　是否加入大学生联谊会的非演绎论证

让你有机会和真正的好兄弟好姐妹建立联系，结交到一辈子的好朋友。还有个好处就是可以建立人际关系网。毕业后找工作，很多人都发现自己的前途并不是由学了多少知识决定的，而是由认识些什么人决定的。加入大学生联谊会，你就有机会融入庞大的关系网。另外还有个好处就是可以锻炼自己担任领导角色的能力，让你今后在工作中有能力和别人竞争，因为大学生联谊会经常组织各种活动，如晚餐会或其他聚会。最后，加入联谊会，让你有很多机会一边寻找乐趣一边结交朋友，和无数的人成为好友。你的大学岁月应该更丰富多彩，而不仅是上课和学习，大学应该成为你一生中的黄金岁月。

上面这个例子前提要支持的结论是，加入大学生联谊会等组织的好处大于坏处。这是一个典型的非演绎论证的目标。为了让论证更有力，我们**应努力将非演绎论证转为演绎论证**。放慢思考后，我们意识到以上非演绎论证从属于以下演绎论证：

大前提：我们应该加入好处大于坏处的组织。

小前提：加入大学生联谊会好处大于坏处。

结论：我们应该加入大学生联谊会。

笔者对以上每个案例都用结构化的方式重新做了分析，这是为了展示结构化与批判性思维的结合。实际上，只有在重要且复杂的问题上，我们才有必要使用这种方法。所以，笔者在下文中不会每个案例都做一次结构化处理，虽然每个案例都是可以做结构化处理的。

本书后面会有不少例子表明，同本例一样，**很多非演绎论证从属于一个演绎论证**。

1. 非演绎论证的基本方法

非演绎论证的基本方法如图 4-38 所示：

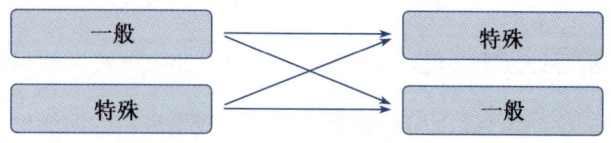

图 4-38 非演绎论证的基本方法

（1）从一般到特殊的论证：统计三段论

例 1：

大前提：名人家的孩子绝大多数都很有出息。（描述了一种一般的现象，这种现象往往有一个统计结论）

小前提：小平的爸爸是著名科学家，所以小平是名人家的孩子。（描述了一个具体的事实）

结论：小平长大一定有出息的可能性很大。（从一般的现象推导出特殊个体上的结论）

从一般到特殊的论证，其结论成立的强度取决于统计的概率，统计的概率越高，结论成立的强度越大。

理论推导从本质上来说也是从一般到特殊的非演绎论证。

例 2：

大前提：经济学理论表明，利率降低有利于股市的上涨。

（经济学理论也是一种一般的描述）

小前提：今天收盘后央行宣布降息。（一个具体的情况）

结论：明天股市上涨的概率比较大。（一般的理论推导出一个特殊情况下的结论）

当然，股市涨跌影响因素比较多，而且反映的是预期。如果降息是符合市场预期的，股市未必会涨；如果降息的幅度还不如预期，股市甚至还会跌。所以，经济学理论的推导，只是前提支持结论而非证明结论，其结论并非百分百确定的。

（2）**从特殊到一般的论证：基于样本的归纳概括**

例1：典型案例

一所大学的校长说："我们的学生当然能找到高收入的工作，也能进入高等学府进一步深造。为什么？因为就在去年我们欢送过一个叫庄佳的毕业生前往北京大学商学院深造。入学这一年来，庄佳一直排在班级前5％的成绩最好学生之列。因此，我们的学生当然能在一流大学取得令人瞩目的成功。"

我们把这样的描述称之为"典型案例"。典型案例都属于"从特殊到一般"。

前提：毕业生庄佳进入北京大学且排名在班级前 5%。（一个特殊事例）

结论：我们学校的学生能够进入名校。（希望由前提的特殊事例推出一般性的结论）

例 2：将当事人所说的话作为证据

加油站墙上的一则说明："我的车老是漏油，送给张老板修理厂修过以后就再也不漏了。因此我强烈建议你将爱车送到张老板修理厂那里维修，不管什么发动机问题他都能修好。"

重构后：

前提：张老板修理厂修好了某客户的漏油汽车。（一个具体的特殊事例）

结论：张老板修理厂能修好所有汽车的发动机。（试图从一个特殊事例推出一个普遍的一般结论）

例 3：读者评论

这本书看起来真不错。在书的封底，有的读者评论说："这本书我一拿起来就再也放不下。"

重构后：

前提：某读者十分喜爱这本书，一拿起就放不下。（一个特殊的事例）

结论：这本书可读性很强。（试图从一个特殊事例推出一般的结论）

引用具体人士的这些说法都被称为当事人证言。

例 4：模拟选举

我们今天在班里进行了本大学学生会主席的模拟选举，周强获胜。所以，我非常确信他将赢得下个月的正式学生会主席选举。我们班有 50 多个人呢，你不觉得，这个样本已经足够大了吗？

重构后：

前提：周强在本班超过 50 名学生的模拟选举学生会主席中获胜。（一个具体的特殊情况）

结论：周强将在下个月的学生会主席正式选举中获胜。（试图从由 50 多人模拟选举的结果推出上千人参加的真实选举的结果）

例 5：专家和行业大佬的观点，作为常见的非演绎论证的支持，也常常有出错的时候。

影评人："年度十佳影片之一。"（金鸡奖影评专栏）

现场访谈节目的嘉宾："经济正在走向衰退。"

社团组织："上海医药协会支持这一立场。"

科研人员："研究表明……"

亲戚："我爷爷说……"

宗教："《古兰经》上说……"

媒体："据《纽约时报》报道……"

"我想电脑也许会有世界市场，但至多卖得出去 5 台。"——托马斯·沃森，IBM 主席，1943 年

"录像机占领任何市场超过 6 个月就会全面失守。每天晚上老盯着个夹板箱看，人们很快就厌烦了。"——达里尔·F. 扎努克，20 世纪福克斯电影公司总裁

例 6：研究报告作为论据来支持非演绎论证，其效力要比想象的低很多，且我们发现研究报告之间存在很多冲突。

"研究表明……"

"研究人员在最近一份调查中发现……"

"《英格兰医学期刊》的一份报告显示……"

例 7：自己或朋友的个人经历

"我的好朋友阿明熬了一个通宵来复习备考，结果考得相当不错；所以在明天考试之前，我觉得没必要再睡觉了。"

"吃一大块巧克力蛋糕以后，我常常觉得好过很多，所以我认为，感到郁闷的人只要多吃点巧克力蛋糕就行了。"

这两个论证都把个人的经历当成论据，导致我们犯下"以偏概全谬误"。

在上面的例子中，有的论证强度大一些，有的论证强度小一些。

（3）从特殊到特殊的论证

举例：用类比作为论据，是常用的从特殊到特殊的非演绎论证。

孙杰是一个典型的问题学生。应该早点"处理"孙杰这个问题学生并处理好他带来的问题。因为俗话说,一颗老鼠屎会坏了一锅粥。

重构后:

前提:一颗老鼠屎会坏了一锅粥。(一个具体的情况)

结论:应处理孙杰这样的问题学生,避免他影响其他同学。(用老鼠屎来类比孙杰,得出要处理孙杰的结论)

(4)从一般到一般的论证

与从特殊到特殊类似,从一般到一般也是通过类比实现的。

举例:

根本没必要害怕互联网会让报纸和杂志统统消失。不管怎么说,快餐外卖的风行也并没有让下厨烧饭这个传统消失嘛。

重构后:

前提:快餐外卖的风行也并没有让下厨烧饭这个传统消失。(一个行业的现状)

结论：互联网不会让报纸和杂志统统消失。（试图用一个行业的情况推出另一个行业未来的发展趋势）

从以上各类非演绎论证的案例中我们可以悟到：有时候当我们将一个论证重构为演绎论证时，它可能实在讲不通；但当我们将其重构为非演绎论证时，有可能是一个还算说得过去的论证。

如何反驳类比？

反驳类比需要指出类比项之间存在重要区别，因此推论是不适当的。

例1：

日本和德国的企业对那些专业技能要求很高的岗位，一般实行终身雇佣制；终身雇佣制为其竞争力提供了保障。这证明了"终身制"和"铁饭碗"不见得不好，中国企业也应该朝着长期雇佣关系方面发展。

反驳：

日本和德国实行的终身雇佣制，其实只是在专业技能要求较高的岗位使用，并未在所有岗位都实行，且这两个国家实行终身雇佣制取得较好的效果也许与其特定的文化环境和特定的历史阶段相关，在中国未必能取得如此好的效果，这就是不当类比。另外，该案例结论中说的是"终身制"，而前提中说的是"终身雇佣制"，其实存在着概念的偷换。终身制是特定历史条件下的产物，干与不干都一样，干多干少都一样。终身雇佣制则没有这方面的含义。

例2：

假设有人这么为开卷考试辩护："内科医生遇到疑难时，从《内科疾病诊断手册》中查阅资料，来帮助自己做出诊断，没人反对他这么做；那么，为什么学生在考试中遇到困难时，就不可以查阅教科书呢？"

他比较的两个对象之间，相似之处太少了，唯一看上去有点相似的，是二者都查阅书籍以解决问题。虽然都涉及查书，但两件事的目的却完全不同。考试是用来检查学生掌握知识情况的，而查书违反了这个目的；在另一件事上，医生为病人看病需要更精确地诊断病情，而查书有助于实现这个目的。

例 3：

经常地，无论支持一个观点还是反对一个观点，我们都能找到相应的类比。如果要反驳一个类比，我们有时候只要找到另外一个类比即可。

殖民主义者宣称，殖民地就像宗主国的孩子一样，由于孩子应当忠于父母，所以殖民地不应反抗宗主国的领导。对此观点，一个殖民地起义者的精彩反驳是：殖民地就像树上的果实，当果实成熟了，它很自然地应当与树脱离。

（5）非演绎论证的质量与什么相关？

非演绎论证本身的质量在某种程度上取决于论证者的科学素养，包括自然科学素养、人文科学素养（含逻辑素养）等；而一个非演绎论证能否被受众接受，不仅取决于论证本身的质量，也取决于受众的科学素养。一般而言，科学素养高的人的非演绎论证更有质量，并且科学素养高的受众更有能力识别哪个论证更有质量。有趣的是，不同行业、不同领域的论证对受众的科学素养的要求是不同的。

有这样一个广为流传的故事。

有个市民写信向市长反映,希望能通过电视台给普通百姓一些教育,使他们避免上当受骗。市长批转给电视台,指示办个节目,安排骗子和专家同台竞技,让观众可以区分谁是骗子,谁是真正的专家。第一场辩题是宇宙起源,骗子对阵物理学家。骗子讲盘古开天辟地,物理学家讲宇宙大爆炸。结果发现,小学生不能区分骗子和物理学家,仿佛对神话故事更着迷,但是中学生都知道那些神话是骗小孩的。第二场讲生命起源,骗子对阵生物学家。骗子谈灵魂和轮回转世,生物学家讲达尔文进化论。结果发现中学生更倾向于相信灵魂转世故事,纷纷追问自己的前世是什么,只有那些受过大学教育的观众才能明白进化论的道理。第三场讲健康和养生,骗子对阵医学专家。发现本科学历教育根本无法抵挡骗子的忽悠,大学生很容易相信绿豆茄子可以治百病,只有那些受过研究生教育的观众才不为所动,因为他们知道确定疗效需要做双盲实验。第四场讲人的性格类型,是骗子对阵心理学专家。结果研究生学历者也无法分辨骗子和心理学家,年轻人被骗子们讲的星座血型迷晕了,只有教授级别的观众才能明辨。这可以理解,心理学的逻辑比较特别,正反都可以说得通,需要足够多的人生历练积累才能避免中招。 第五场骗子对阵经济学家。 整个播出过程,现场观众都不说话了,现场没有人能区分骗子和经济学家。 播出期间主持人接到一个电话,竟然是总统打来的,他说他一直在看这个节目。 总统告诫大家,千万别相信经济学家的那一套,该国先后多次金融危机就是听信他们的理论搞出来的。 总统怀疑就是经济学家和资本市场的骗子联手欺骗了全世界。 这充分说明,地球人是无法区分骗子和经济学家的。 最后一场是骗子对阵政客。 骗子一看到政客,立即站起身,对主持人说他放弃辩论。 主持人很诧异,问是什么原因。 骗子说:"在骗人这行当里,我们只是业余的,而他们才是职业的,他们很容易让观众相信我们是骗子!"无论主持人怎么劝,骗子也不肯上台。 这时,一个老者走到骗子旁边,跟骗子耳语了一番,骗子立刻振作精神回到讲台,侃侃而谈,并毫无惧色地指责对方政客是骗子。 主持人更加惊讶,忙问老者说了什么话。 老者说:"我只不过告诉他一个真理:要辩证地看待欺骗,有时候欺骗可以推动人类社会的进步。在历史上,曾经有骗子成功转型,成了伟大的政治家。"原来这位老者是一位哲学家……最后,电视台向市长汇报如下:"……看来情况极其复杂,虽然在某些领域很容易区分骗子和专家,但是在另一些领域却难以区分,而且越是重要的领域越难区分。更为复杂的是,现在的骗子们通过勤奋学习已经成为专家,而许多专家经不住诱惑开始行骗,到底谁是骗子谁是专家已经无法区分……"

可能不少人认为,科学素养高的人很容易说服科学素养低的人,事实上绝非如此。不同科学素养的人在一起交流是非常痛苦的,科学素养高的人经常不得不回避这种交流,以免尴尬。郭德纲有一个相声说得好:"比如我和火箭专家说,你那火箭不行,燃料不好,我认为得烧柴,最好是烧煤,煤还得精选煤,水洗煤不行。如果那科学家拿正眼看我一眼,那他就输了。"太生动了!

(6) 将非演绎论证不断重构为演绎论证的过程将令论证更有分量、更清晰

很多论证需要综合运用演绎论证和非演绎论证,前文和后文会有多个例子展现这点。但是由于演绎论证比非演绎论证更有分量,所以当我们构建自己的论证或分析他人的论证时,**应优先将有关论证重构为演绎论证**。在这个过程中,有些演绎论证的前提需要用非演绎论证加以论证。当然,也有部分论证不能重构为演绎论证,**当我们尝试重构演绎论证失败后,我们即可开展非演绎论证**。

以下是演绎论证与非演绎论证相结合的例子:

这辆车肯定能把你送到目的地,无论你的目的地在哪里。这种型号的汽车,我在各种各样的地形都驾驶过。

原本这是一个非演绎论证。

前提:我曾经开着与你的车同型号的车去各种地形的目的地。

结论:你可以开你的车去各种地形的目的地。

以上是从特殊到特殊的非演绎论证,用了类比的方法。

我们将其重构为演绎论证(见图 4-39)。

隐藏的大前提:相同质量的车可以到达相同的目的地。

隐藏的前提:你这辆车的质量等同于那辆我曾开到各种地

形目的地的车。

结论：你这辆车可以到达各种地形的目的地。

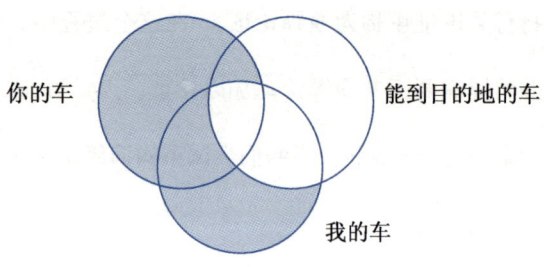

图 4-39　演绎论证示例

以上演绎论证在形式上是完美的，但实际上两个前提都是值得商榷的。我们先研究第二个前提，它显然是需要进行补充论证的。这个补充论证可以先构建为另一个演绎论证。

隐藏的前提：相同型号的车有相同的质量。

前提：你这辆车与我曾开到各种地形目的地的车是一种型号。

结论：你这辆车与我曾开到各种地形目的地的车有相同的质量。

这个演绎论证的形式依然很完美，但是需要补充论证第一个前提，即相同型号的车有相同的质量。重构到了这步，下面的论证在普通人的知识范围内难以再使用演绎论证了，需要进行一个非演绎论证。这个非演绎论证的说服力很可能不强，但确实可以做一个前提支持结论的论证，去说明大概率情况下相同型号的车质量相同。

此外，认真地推敲下来，第一个演绎论证中的"相同质量的车可以到达相同的目的地"也是需要面对辩驳的，因为它没有考虑到驾驶者的因素。也许有的路段需要优秀的驾驶者才能驾驭。进一步思考，即便同一个驾驶者开的是同一辆车，昨天车的质量也不等同于今天车的质量，也许今天车就有零件坏了，昨天去得了的地方也许今天去不了了。

思维无止境，是不是很有趣？

总之，当一个论证以非演绎论证的形式来呈现时，似乎总显得比较粗糙，一旦我们将其重构为逐级推演的演绎论证，论证的质量就提升了。直到在我们的知识、能力范围内难以再进行演绎论证了，我们可采用非演绎论证来进行最后的论证。

从逻辑上说，本例犯了偷换概念的谬误，模糊了"这辆车"和"这种型号的车"的概念。

我们再举前面张老板修理厂的案例来展示非演绎论证如何转化为演绎论证。

原来的非演绎论证如下。

前提：张老板修理厂修好了某客户的漏油汽车。（一个具体的特殊事例）

结论：张老板修理厂能修好所有汽车的发动机。（试图从一个特殊事例推出一个普遍的一般结论）

这个非演绎论证可以说是真情流露，很常见也很自然，但一旦写下来就觉得很牵强，不够充分。

我们重构演绎论证如下。

大前提：如果可以修好最困难的发动机问题，那么就可以修好所有的发动机问题。

小前提：某客户的发动机漏油问题是最困难的发动机问题，被张老板修理厂修好了。

结论：张老板修理厂可以修好所有的发动机问题。

以上演绎论证的形式是完美的。但是需要补充论证这个客户的发动机漏油问题是最困难的发动机问题。这样论证是不是显得更有质量了？

如果进一步思考，"最困难的发动机问题"很难定义，也许对 A 工人来说这个问题是最困难的，但是对 B 工人来说那个问题是最困难的。还是那句话，我们只有将自己的思考慢下来，世界的真相才会慢慢地浮现出来。

现实中有没有不能首先构建为演绎论证的案例？就某个具体的论证人的知识、能力水平而言，当然是有这种情况的。比如前文案例中"相同型号的车有相同的质量"，就挺难重构为比较好的演绎论证。笔者一再强调这与论证人的能力有关，如果碰到有能力的论证人，也许还可以继续展开下一步的演绎论证。

五　结构化的推理是什么样的？

在逻辑学中，推理指从已知的前提推导出新的结论。笔者将在传统推理中加入结构化的元素。

1. 推理与论证的关系

推理与论证是有密切联系的。论证总是借助推理来进行的。任何论证的过程都是运用推理的过程，没有推理就无法构成论证。但是，并非任何推理都是论证，推理和论证又是有区别的。

首先，两者的思维过程不同。推理是从前提到结论的过程。论证则相反，总是先有论题，然后围绕论题寻找有关的论据，这相当于从结论到前提的过程。

其次，从逻辑结构来看，论证往往比推理复杂。一个最简单的论证可以由一个推理组成，而复杂的论证常常由若干个推理组成，而且这些推理可以是各种不同形式的推理。从这个意义上说，论证是推理形式的综合运用。

最后，推理是从一个或几个已知判断推出另一个新判断的思维形式。已知的判断，不论其真假如何，都能作为推理的前提；论证则是用一些真实性已经被断定的判断，通过推理来确定另一个判断真实性的思维过程。推理只是断定前提与结论之间的逻辑联系，它并不要求断定前提与结论本身的真实性；而论证则要求断定前提与结论的真实性。

本书中我们把推理分为因果推理和科学推理。

2. 因果推理

根据事物之间存在的因果关系，从原因来推论结果，或者从结果推论原因，都属于因果推理。

（1）因果推理中的常见错误

具体包括与已知理论不符；歧义；循环论证；过于复杂；与事实不符；无法检验；等等。

以上因果推理错误呈现得比较杂乱，因此难以记忆和运用。我们用结构化理念进行处理（见图4-40）：

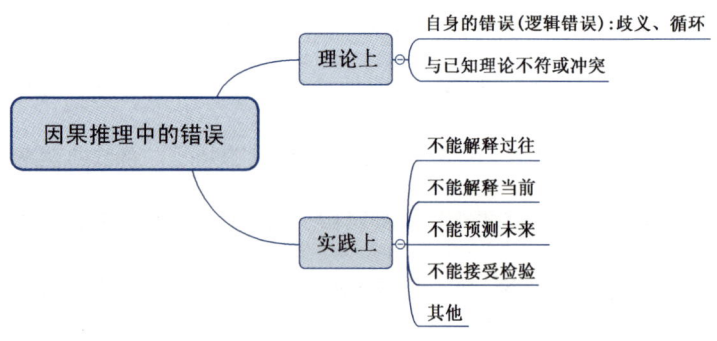

图4-40 因果推理中的错误

上图将因果推理中的错误结构化为两大部分，即理论上的错误和实践上的错误。理论上的错误有包括其自身的错误（逻辑错误）和其潜在的预设与其他公认理论冲突；实践上的错误包括不能解释过往，不能解释当前，不能预测未来，不能接受检验，等等。经过这样的结构化处理，我们对这个问题的分析框架就变得清晰起来。

（2）各种无法推出的情况

例1：

在最近的一项研究中，有些准备参加一场标准化考试的学生去上了一门专教学生如何应付考试的特别课程，结果，比起那些仅靠复习与考试相关的几本书来准备同一场标准化考试的学生，他们的得分普遍要高。

以上是一个推理过程：因为观察到上了特别课程的同学的考试成绩更好，所以我们得出这门特别课程对学生考试有重要帮助的结论（见图4-41）。

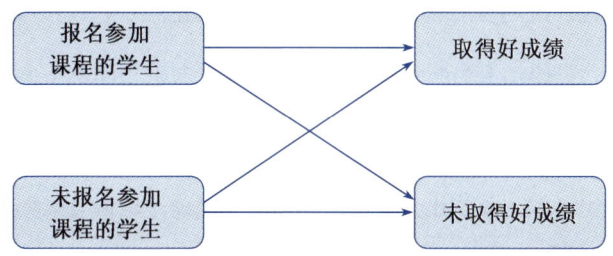

图4-41 特别课程与考试成绩的推理

我们用标准模式重构如下:

前提:上了特别课程的同学的考试成绩更好。

辩驳性前提:没有其他影响成绩的因素的差异。

结论:这门特别课程对学生考试有重要的帮助。

我们看出,第二个前提(辩驳性前提)需要进行进一步的分析。我们要追问一些问题:这两组学生除了准备考试的方式不同,还会在哪些重要方面有所不同?

也许这门课非常昂贵,只有有钱的学生才上得起这门课。他们付得起这门特别课程的学费,也就付得起更好的学校的学费,也就是说他们享有对照组学生不具备的高起点。

也许报名参加培训的学生也是那些真正想顺利通过考试的学生,只读几本书的学生也许对在标准化考试当中拿个像样的成绩并不太感兴趣。

也许你还能想出其他的差异,这些差异对是否可以得出该课程确实对考试有很大帮助的结论很重要。

我们对本案例做结构化思考(见图 4-42):

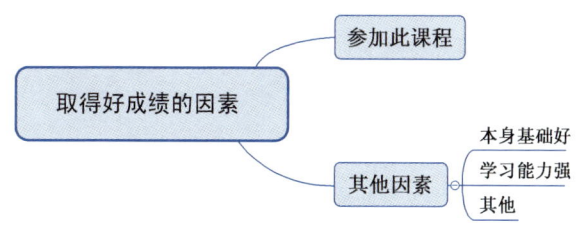

图 4-42 取得好成绩的因素

上述案例类似幸存者偏差。最著名的幸存者偏差案例是下面这个。

二战时期，英美空军为了加强战斗机的保护措施，对参战飞机中弹区域进行了详细统计，结果显示机翼部位中弹最密集，而机舱部位最少中弹。军方决定对飞机机翼进行加固，但一名统计学家站出来反对。

他表示真正需要加固的是机舱，因为机舱中弹的飞机大概率无法返航，才导致了这样的统计结果。最终军方采纳了他的意见，战斗机坠毁率果然降低。

这就是所谓的幸存者偏差，也称"死人不会说话"效应，幸存者的经验往往误导了我们的判断。

有些推理错误来自归因错误，有可能是另一件事导致了此结果，或把同一个原因导致的两件事，误当作因果关系，比如下面的例子。

例 2：

因为大部分小学老师都有孩子，所以要么是教书这个职业激发了他们做父母的兴趣，要么是为人父母的身份激发了他们和孩子一起工作的兴趣。

用标准模式重构后，这段推理如下。

前提：由于大部分小学老师都有自己的孩子。

结论：所以，要么是教书这个职业激发了他们做父母的兴趣，要么是为人父母的身份激发了他们和孩子一起工作的兴趣。

但从实际情况看，更可能的是有其他原因，比如喜欢孩子，使人们既愿意做父母，也愿意在小学教书。

例 3：

假定某个大学生长得胖，而且心情很郁闷。

如果我们推理说因为该同学长得胖所以心情郁闷，未必是对的，有可能是他心情郁闷所以才吃得多并导致了肥胖，也有可能是其他一些原因导致了肥胖和郁闷。

（3）相关性不等于因果关系

我们生来就喜欢把相互之间有关系的事件，"看"成彼此之间有因果关系的事件。

例 4：

你有没有注意到，随着街舞音乐越来越流行，越来越少的年轻人去参加学术讲座活动了？ 这样的音乐正在引起年轻人道德品质的下滑。

如果我们这样思考问题，就常常会大错特错。

例 5：相关性≠因果关系

一篇讨伐网瘾的文章说：中国 80% 的青少年犯罪与网瘾有关，中国 20% 的网瘾少年有违法犯罪行为。

对此，万维钢在一篇文章中做了有趣的分析，笔者在此基础上进一步做了结构化思考。

济南在押的 1 500 名少年犯中，80% 是网瘾造成的，北京更是有 90% 的青少年犯罪案与网瘾有关。

我们能否根据这些数字得出结论说，网瘾人群比没有网瘾的人群更容易犯罪呢？不能。我们可以假想存在这么一个国家，这个国家80%以上的青少年有网瘾，而这个国家的所有青少年，不管有没有网瘾，都有20%的犯罪概率。这个虚拟国家完全符合以上数据，但是它的犯罪和网瘾完全无关。

这个错误就是没有建立对照组。我们缺少的关键数据是没有网瘾的青少年的犯罪率，以及没有犯罪的青少年的网瘾率。我们根据文章可以做如图4-43所示的分析。

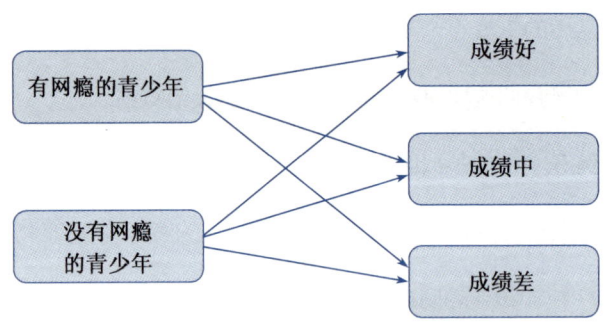

图4-43　网瘾与成绩关系的分析1

这个结构图虽然简单，但是这样的可视化、结构化思考，促使我们去寻找没有网瘾的青少年的犯罪数据，避免了快思考带来的迅速接受错误观点的后果。

在对自己学习成绩评价不好的在校学生中，网瘾青少年的比例较高。认为自己"成绩较差"的学生中，网瘾少年的比例达到 28.7%；认为自己"成绩一般"的学生中，网瘾青少年的比例为 14.5%；而自我评价"成绩很好"和"成绩较好"的学生中，网瘾青少年的比例均在 11% 左右。

那么，根据这个分析我们能否得出结论说网瘾是个坏东西呢？

不能。也许并不是因为网瘾导致青少年成绩差，而是那些成绩差的青少年更容易有网瘾（见图 4-44）。

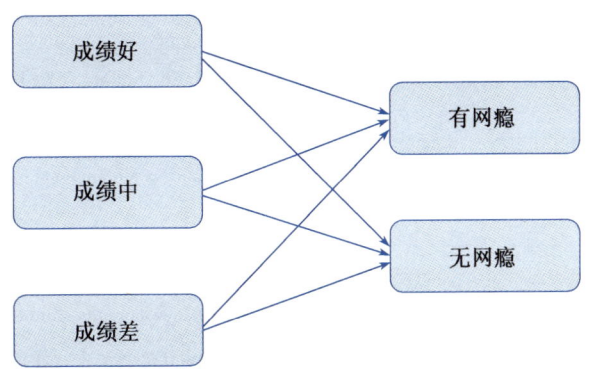

图 4-44 网瘾与成绩关系的分析 2

另外，文章没有统计网瘾与犯罪率的关系，但就算真的是越有网瘾的人群越容易犯罪，我们仍然不能说网瘾导致犯罪。比如我们可以提出如下这么一个假说。

网瘾是个好东西，因为它可以减少青少年犯罪。在任何国家的任何时候，都有一帮青少年对学习不感兴趣，整天无所事事。他们喜欢在街上游荡，都是潜在的犯罪者。因为网络游戏的出现，相当一部分这样的人被留在了家中和网吧里，他们的野性在游戏中得到了发泄，以至于减少了出去犯罪的欲望和时间。

简单说，也许是成绩差导致了网瘾上升，同时也导致了犯罪率上升。看起来网瘾与犯罪率同步上升，似乎网瘾是犯罪率上升的原因，实际上也许不是，甚至可以反过来问犯罪是不是导致网瘾的原因？分析如图 4-45 所示。

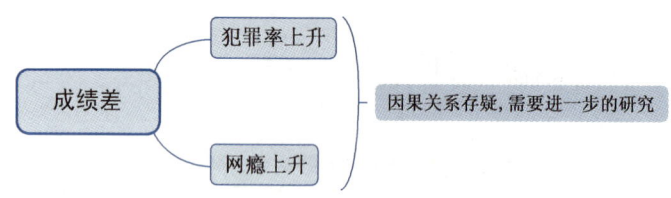

图 4-45　网瘾与成绩的分析 3

总之，人们经常会把相关性理解为因果关系。 实际上，我们需要认真思考其是否真的具有因果关系。**要确认因果关系，经常需要建立对照组来做实验。**

不仅如此，要真正搞清楚事物之间到底存在相关性还是因果关系，**需要搞清楚其内在机制。**

例如，你必须说明是吸烟导致肺变黑，而变黑的肺容易得肺癌，还是烟草中有什么化学物质可以直接致癌（正确答案是后者）。机制提出来之后，这个机制中的每一步也必须是可以验证的，一个课题只有做到这个程度才算超越了外行看热闹阶段。也只有到了这个程度，才真正谈得上把各种不同机制综合在一起，建立模型去预测未来。

再回到上面网瘾的例子。网瘾到底会不会导致犯罪率上升呢？这需要我们深入研究其内在关联的机制，比如暴力游戏、色情方面的网瘾可能会导致相关犯罪率的上升，而其他方面的网瘾有可能导致犯罪率的下降。哪一类占比重更高呢？需要我们进一步深入研究。

新冠肺炎疫情期间，是不是要戴口罩也在某聊天群引起了争执，有人说缺少一个平行世界去验证，只变动"是否戴口罩"这一个参数来观察戴口罩与否的影响。是的，我们找不到这样的实验数据，但是从发病机制上，也就是说从理论机制上我们难道不能证明，戴口罩无论如何还是可以起到一点阻碍病毒吸入的作用的吗？

（4）共同变化未必是因果关系

共同变化实际上是相关性的一种。我们经常把共同变化这种相关性理解成因果关系。

例1："牵强的相关"

一个爱问为什么的孩子注意到太阳早上出现在天空，夜里就不见了。由于不知道太阳到底去哪儿了，孩子想方设法地要凑近看看太阳落山。可是，不管怎么努力，他还是不明白太阳到底去哪儿了。后来，孩子又注意到他的保姆也是早上出现在家里，到夜里就不见了。有一天，他好奇地问保姆，她晚上去哪儿了。保姆回答说："我回家去了。"孩子将保姆的来去和日夜的循环进行联系，得出结论：保姆的离去导致太阳也一起回家了。

"在这之后"不是因果关系。如果我们混淆"在这之后"与"因为这个"之间的关系,那我们就犯了"事后归因谬误"。

例 2:事后归因

"我昨天找到的那个亮闪闪的五角硬币肯定是我的幸运币。找到它以后,有门特别难的功课我考了个 A,我最不喜欢的一门课停上了一次,而我最喜欢看的电影昨天晚上又在电视上播出了。"(也不管我为了准备考试埋头苦读,教授六岁的孩子最近得了流感,电视节目早在我找到硬币之前就已经定好。)

你也许能够猜到,政治领导人和商界头面人物都喜欢使用事后归因这种论证,特别是当这对他们有利的时候。比如说,他们喜欢把自己走上领导岗位之后发生的一切好事都揽到自己头上,即揽功;而把发生的一切坏事都推到其他人头上,即"甩锅"。

记住:一件事紧接在另一件事后面发生的这一发现本身并不能证明两者之间有因果关系,这可能只是一个巧合。当你看到这种论证方式的时候,要问自己一声:"有没有替代原因能解释这个事件?""除了一件事紧随在另一件事之后发生的这个事实以外,还有没有什么其他过硬的证据?"

不同事件之间如果发生了共同变化,按照事件之间的关系可以分为以下情况,如图 4-46 所示。

A. 没有原因。

B. 有原因:此原因、其他原因(反原因)。

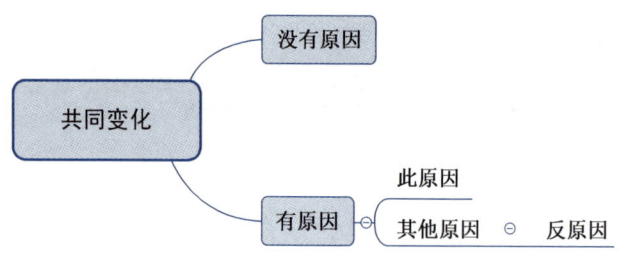

图 4-46 共同变化的归因

(5)阴谋论

阴谋论是人们对那种经常认定重大事件背后一定有不可告人之阴谋诡计的认知方式的概括。也可以说,阴谋论是一种认知方式,这种认知方式总是认定重大事件背后一定有不可告人的阴谋诡计。

阴谋论充分说明了人类想从不存在规律的地方找到规律。特定的持有某个立场的人看到一些信息，会相信这是一场阴谋，会得出一些未经推敲的结论；或特定的人由于心中有一个结论，便去编造论据自圆其说。现实中往往是以上两方面相互影响，相互增强，使得阴谋论泛滥。

2014年3月马航MH370航班事故发生之初，在整个事件还在被定性为"失联"期间，互联网上就充斥着各种阴谋论。其中有一篇文章说，马航失联其实是中美"两个大佬"较量的结果，而且中方目前稳操胜券，这篇奇文把当时的国际形势——包括乌克兰局势、日本右翼政府的态度软化、朝鲜半岛的微妙变化、西方阵营出现的裂痕和泰国局势未能朝预期方向发展——和国内形势——改革进展、两会前金融波动、昆明火车站恐怖袭击和河南隧道爆炸事故，通通联系在一起，认为只有全盘考虑这些因素，并且结合"三年前发生在菲律宾马尼拉的人质事件与奥巴马即将在四月展开的访问活动"，才能理解一架客机为什么会失联。

如果你觉得这个逻辑太不可思议，那是因为你不经常上网看时事或军事论坛。有人专门写这种文章。他们旁征博引，似乎无所不知，从国际政治讲到国内形势，最后归于两点：第一，所有坏事，都是国际敌对势力故意针对中国搞出来的；第二，所有好事，都是中国政府巧妙安排的。总而言之，中央正在跟美国下一盘很大的棋。

新冠疫情在中国发酵初期，网上盛传病毒是西方国家针对中国人的生物武器一说也是典型的阴谋论，后来不攻自破。自媒体时代的阴谋论太多，在此无法一一赘述。

3. 科学推理

（1）概要

科学推理也是一种因果推理，只是运用了科学实验的方法和进行了科学的检验。一般人对科学推理的理解会停留在用科学实验的方法从前提推导出结论的过程。这个理解是不完整的，仅仅理解了形成假说环节。完整的科学推理还包括检验假说环节，即科学推理包括两个环节（见图 4-47）。

- 形成假说环节

- 检验假说环节

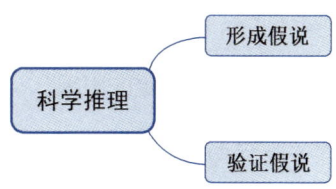

图 4-47 科学推理的两个环节

虽然看起来这两个环节截然不同,但在实际运用中我们其实很容易将它们混为一谈或不由自主地忽略了其中一个。我们一定要有意识地区分形成假说和检验假说这两个不同的逻辑环节。

(2) **形成假说的常用方法**(如图 4-48)

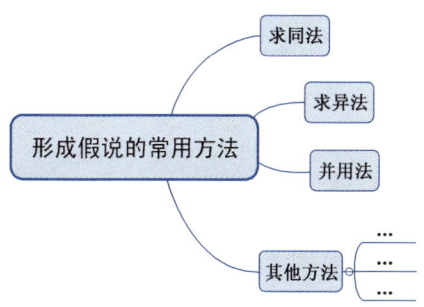

图 4-48 形成假说的常用方法

A. 求同法：如果在引起结果 E 的两个或两个以上的情境中，只有事件 C 是共同的，那么 C 就是结果 E 的原因。通俗地说就是每个结果中都出现了特定的原因。

假如有一家人去吃自助餐，之后所有的人都拉肚子。大家都吃了不同的东西，若唯一一种大家都吃了的东西是生牡蛎，那就有理由推断生牡蛎是造成肠胃不适的原因。

B. 求异法：如果一组情境引起结果 E，而另一组情境却没有，两组情境的唯一差别在于前者含有情境 C 而后者不含有情境 C，那么很可能 C 就是造成 E 的原因。通俗地说就是特定原因不变则结果不变，特定原因变化则结果变化。

假如一部手机不能正常运作，但是换了电池就一切正常，因为唯一的区别在于电池，所以电池很可能就是造成问题的原因。

对于非自然科学实验来说，确保相关条件都一样是很困难的。比如为了证明弹钢琴的能够提高孩子的智商，你得找到两组相同的孩子，其差别只有一组学了钢琴而另一组没学，还要检查第一组的孩子的智商是否有显著的提高。但孩子们的家庭背景、个性和天分都不一样，要确保两组孩子完全一样是不可能的。社会学家要做的事情是通过尽可能地控制差异或者运用特殊的统计技术来分析结果。但是即使好的对照试验难以实施，它对取得可信的结果还是至关重要的。

C. 并用法：有时我们要结合求同法和求异法来找到原因。

上述方法不是万能的，是有局限性的。因为有可能真正的原因不在备选原因中；也有可能引起结果的原因不止一个；还有可能原因是不确定的。即便如此，以上找原因的方法都有启发性。

（3）假说检验

科学推理需要用科学实验来验证假说，这部分需要用到概率统计的知识。霍金曾说，一本书每增加一个公式就减少一半的读者。为了增加本书的可读性，我们仅用一个例子简单说明一下。

科学家把感染了流感病毒的志愿者分为两组，每组各 100 人，一组服用 Z 药物，一组不服用。服用的我们称为实验组，没有服用的我们称为对照组。若一个疗程后实验组有54个的患者康复了，而对照组只有40个患者康复，两组之间的差异有14%。我们要问：这个差异显著吗？可否说明药物Z有效？此时，概率论中的一个重要的概念——置信水平出现了，一般情况下，置信水平设为95%。在本例中，100个样本的95%的置信水平，差异需要大于13%，本例中差异有14%，大于13%，因此该差异具备统计学意义，即我们可以得出该流感药物有效的结论。需要说明的是，样本的大小对判断结果的统计学意义很重要，如果本例每组人数250人，则8%的差异就具备统计学意义。

我们用问题的形式对本章要点进行总结：

1. 什么是主观断言？什么是客观断言？两者有什么不同？

2. 如何判断一个被视为"事实"的断言是否真的无懈可击？

3. 论证有两种主要的表现形式，分别是什么样的？

4. 一个断言中的"真"有哪几种情况？

5. 有哪两种主要的论证形式？

6. 演绎论证和非演绎论证的差异有哪些？

7. 主要有哪些形式的前提？

8. 什么是隐藏性假设前提？什么是辩驳性假设前提？

9. 什么是价值观假设？什么是描述性假设？

10. 前提有两个状态，是什么？

11. 前提与结论的关系有哪几种？

12. 什么是解释？举例说明解释与论证有什么不同？达到什么标准可以视为最佳解释？

13. 直言判断有哪四种类型？什么是换位运算？什么是换质运算？什么是换质位运算？各自有什么规则？

14. 举例说明什么是三段论？一个合格的三段论要符合什么规则？

15. 我们采用哪些步骤来评估一个演绎论证是否有效？

16. 非演绎论证有四类基本方法，你还记得吗？

17. 因果推理有几大类主要错误？

18. 科学推理有两大环节，分别是什么？

19. 形成假说有哪几种常用的方法？

拓展问题：

1. 你能熟练运用文恩图法吗？

2. 静下心来想想，演绎论证是如何与结构化思维相结合的？并不断地在实践中进行练习。

3. 你同意一个论证应当优先采用演绎论证吗？如果遇到一个非演绎论证，你愿意多费点脑子先将其转化为一系列演绎论证吗？

4. 你还能想出什么在因果推理中经常容易犯的错误？

5. 你对日常自媒体中频频爆出的阴谋论是怎么看的？你相信它们确实是阴谋的比例大约有多少？

第五章 结构化批判性思维有助于进行深度思考

一 统计谬误——用数据说话难道不对吗?

在推理和非演绎论证中大量存在各种统计谬误。人们常说,"用数据说话",统计数据在人们心目中,常常代表着科学、理性、严谨和正确,代表着确定无疑的事实。真是这样吗?数据真的能带给我们确定无疑的结论吗?实际并非如此。统计数字更是一种信念而未必是真实的事实。统计数字经常会骗人。

根据笔者的研究,存在四大类型的统计谬误(见图5-1)。

(1)统计体系设计的问题。

(2)样本的问题,包括样本数量和样本质量的问题。

(3) 对样本数据处理的问题。

(4) 对结论的判断问题。

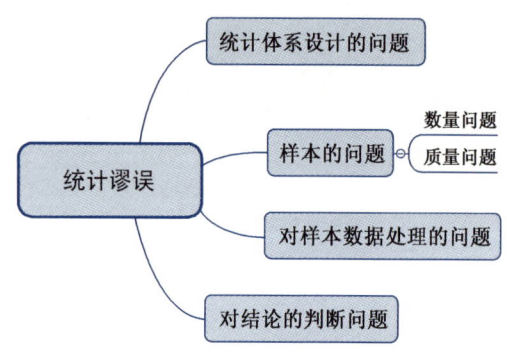

图 5-1 统计谬误的分类

以上这个结构图可以算是按逻辑结构来设计的,也可以算是一个时间结构,即按照统计工作的时间顺序来展现。

很多人认为统计是一个无聊单调的事,无非就是搜集大量数据,代入 EXCEL、SPSS 等统计软件,然后产生各种图表结果。看起来,统计学家要做的事情就是输入命令和解读结果。但是,即便如此,他们也要对输入什么命令进行选择。这就是统计体系的设计问题。不同的统计体系设计会带来完全不同的结论。

此外，诸如样本的问题、对样本的数据进行处理的问题以及对处理后的数据下结论过程中的问题，我们用下面一些案例加以说明。

例1：统计样本的选取有问题

这会导致结论不可靠，这也是"从特殊到一般"的非演绎论证中的问题。

研究人员开展了一项针对229人的在线调查，对象是年龄在18～65岁、有互联网在线约会经历的人。调查询问他们在网上的主要人际关系。调查结果显示：接受调查的人当中有94%在第一次见到他们的网络伴侣之后会再次约会，这种网络情缘平均持续时间可达到至少7个月。

这个研究报告暗示这个结论可以推广到所有使用在线约会服务的人，而研究本身只覆盖了一个在线网站和229人的小群体，并且我们不知道样本是如何选取的。会不会有可能愿意参加调查的都是那些成功找到伴侣的群体？因此，这个研究报告是有瑕疵的。

例2：平均值谬误，对数据的处理存在问题

快速致富的一个方法就是做一名职业橄榄球队员，2010年美国职业橄榄球联盟球星的平均收入是180万美元。

本案例谈论的是平均数、中位数还是众数，将会产生很大的区别。这个例子当中取什么平均值最能说明问题？职业化运动当中大牌球星的收入比那些一般球员的收入高太多了。2010年美国职业橄榄球联盟球员薪酬平均数是180万美元，球员最高薪酬超过1 500万美元，而球员薪酬的中位数是77万美元。所以如果有人想让运动员的薪酬显得非常高，他会选择平均数作为平均值。

例3：基础概率的谬误

假设有一种特殊的致命流感病毒。这种病毒的传染性非常高，而且到目前为止还没找到有效的治愈方法。更糟糕的是：从外在的特征无法判断一个人是否感染了这种病毒，每个疑似感染病毒的人只能去做化验。已知信息是：感染的基本概率是千分之一，即每1 000个人当中有1个人感染病毒。如果一个感染的人去做化验，有99%的可能性查出被感染。然而它还有一个不确定性：即使没有感染病毒的人，也有5%的可能性化验结果呈阳性。现在，你的邻居去化验，结果呈阳性。那么，你的邻居感染病毒的概率有多少？

你猜是80%或90%。但是通过计算，他实际的患病概率是约2%。

计算过程如下。如果10 000人进行化验，患病率为千分之一，确定会有10个人是患病的，他们的检查结果是阳性。5%的错误率意味着会有500[（10 000－10）＊5%的近似结果]个健康人的化验结果也是阳性的。所以，一共会查出510个阳性结果。而实际上只有10个人携带流感病毒，10/510，因而最后的结果应该是约2%（1.9%的近似结果）。

例4：另一个著名的基础概率谬误案例

如果让一个人辨认夜晚中行驶的出租车颜色，10次中有8次是对的，有2次是错的。这个城市中运行着1 000辆出租车，990辆是黄色的，10辆是蓝色的。假设这个人看了1 000辆出租车，他会从黄色的出租车中认出792辆（＝990＊80%）黄色的，把剩下的198辆错误判断成蓝色的。在10辆蓝色出租车中，正确认出蓝车8辆，其他2辆错误判断为黄车。

所以，当这个人说"这是一辆蓝色的车"的时候，只有大约4%（=8/206）的情况下是对的！然而，考虑到蓝色出租车很少出现，当这个说"蓝色"的时候，大家往往会100%地相信他。

为什么我们会错得如此离谱？因为很少有人考虑到错误率，并高估了实际值。

如何对待统计数字？我们从统计数字中是不是可以得出显而易见的结论？答案是否定的。

例5：辛普森悖论

1986年进行的一项关于肾结石移除的外科手术研究再一次提到辛普森悖论。对大量的医疗记录分析显示：经皮肾镜碎石术（一种新型的微创移除肾结石的方法）与传统的开腹手术相比成功率更高，可以达到83%，比传统的方法提高了5%。

当我们进行更加细致的检查时，事实却并非如此。当按照肾结石的大小将病例分成不同的组时，发现经皮肾镜碎石术较传统的开腹手术效果较差（见表5-1）。这是怎么回事呢?

表 5-1 开腹手术和经皮肾镜碎石术成功率比较

治疗方案	直径<2 cm	直径≥2 cm	总体效果
传统的开腹手术	93%	73%	78%
经皮肾镜碎石术	87%	69%	83%

问题在于这项研究只是查阅了一些医疗记录,并没有进行随机分配。这也证明了医生在选择治疗方法时也是有系统性偏差的。医生通常选择用开腹手术治疗直径较大且难以移除的肾结石,而遇到直径较小容易移除的肾结石时通常会使用经皮肾镜碎石术。再者,医生大概认为使用新的并不熟悉的程序进行小结石移除比较合适,只有治疗那些困难的病历时才用开腹手术。

这种新的手术不一定比开腹手术效果更好,但是已经在容易治疗的患者身上测试过。如果按照随机分配而不是外科医生的判断去选择手术方法,这样的偏差就不会存在。一般来说,随机分配可以消除混杂变量并防止由辛普森悖论引起的滞后结果,而单纯的观察性研究很容易受到这一悖论的影响。

例6：发达国家癌症患病率更高

美国国家癌症研究所对美国17个地区统计的最新数据显示，一个人一生之中得癌症的概率是44.29%，最终因为癌症而死的概率则是21.15%。注意，美国是个发达国家。世界卫生组织的数据显示，全世界范围内的人死于癌症的概率只有13%。为什么一个发达国家癌症患病率反而高于世界平均水平？难道因为不发达国家的环境更好？不是这样的，不发达国家的环境污染往往更严重。原因是不发达国家的人还没等到得癌症死就已经因为别的原因死了，而发达国家的人相对更加长寿，癌症与年龄的相关度非常高。

美国的数据给出了一个人患癌症的基础概率。有些癌症可以用吸烟和环境之类的原因解释，有些癌症则无法解释，哪怕你的生活方式再健康，你的食物再有机，你的环境再清洁，你再远离各种核辐射，你也有近20%的可能性死于癌症。科学家也搞不清楚为什么会是这样，但事实就是这样。

例7：统计数字得不出声称的结论

"大约半数的成年人欺骗了自己的另一半！"这个结论来

自某大学生的一篇论文,文中写道,最新在一家购物中心采访了很多人,在接受采访的 75 人当中,有 36 人坦承他们有朋友曾承认欺骗过各自的约会对象。

你有没有看出数据所证明的东西和作者结论之间存在着巨大的差异?这种情况的发生,要么是作者的思考能力太弱,要么就是刻意欺骗。

例 8:统计数字得不出声称的结论

"大公司正在将这个环境优美的小城的气息破坏殆尽。就在去年,城里的大公司的数目增长了 75%。"

"尽管大家都挺害怕,但跳伞运动其实比其他活动如驾驶汽车要安全得多。拿一季度的数据来看,这段时间里,洛杉矶有 176 人死于车祸,而死于跳伞事故的却只有 3 人。"

前一个例子中,75% 这个数字很吸引眼球。但是缺少了一些东西:这个百分比所依据的绝对数值。假如我们知道这种增长是从 4 家增长到 7 家,而不是从 120 家增长到 210 家,我们还会觉得如此惊讶吗?

后一个例子中,我们倒是有绝对数值了,但是却不知道比率。事实上，我们需要知道事故死亡的比率才能知晓对参加这两种活动的人来说有什么意义。参加跳伞活动的总人数比起驾车的总人数而言简直是微不足道。

例9：与以前的情况比较才能得出正确结论

"家庭正变得越来越危险，和家庭相关的伤害案件的数量正在直线上升。2000年，大约有2 300名14岁及以下的儿童死于家庭中发生的事故。同时，每年470万人被狗咬。更糟糕的是，哪怕电视机这个相对安全的家用电器也开始变成危险源，每年有4.2万人被电视机或者电视机架误伤。既然家里发生这么多的事故，也许人们需要花更多的时间待在户外。"

对于以上表述，我们需要问下面的问题，"现在家里比起从前来是不是更加不安全了？"在我们看来，用来回答这个问题的最佳的数据，就是拿现在每年家中重大事故的发生率和过去几年的事故发生率做比较。关键词是"越来越"，是相对数而不是绝对数。

例10：一件事的统计结论得不出另一件事的结论

"如果你乘坐我们这座城市的地铁，十有七八你的手机会被人偷走。我刚读到一份统计报告，说小的电子产品失窃案件占到地铁系统总失窃案件的70%。"

如果我们思考得太快，也许很容易仓促地接受了这个结论。但只要我们稍稍慢下来，就会发现所谓的证据完全不能推导出作者声称的结论。

二 认知谬误有规律可循吗?

很多逻辑学和批判性思维的书中都罗列了大量的有具体名称的认知谬误,比较常见的有:**偷换概念、循环论证/丐题、滑坡论证、虚假两难、稻草人谬误、合理化、简单化、错置举证、追求完美方案、诉诸公众、诉诸传统、诉诸可疑权威、诉诸感情、乱扣帽子、光环效应、转移话题、对人不对事、复合提问、合成谬误等**,这些有名有姓的认知谬误大多具有很高的代表性,几乎在日常生活和工作中每天都在发生。 应当说,对那些广为人知的逻辑谬误进行命名,是识别谬误的有效方式,当我们在论辩时再次遇上它们,会更加自信地辨识出其错误。 但并不是所有的谬误都有名有姓,我们发现,在实际生活中发生的很多谬误没有相应的名字。但是没有关系，不管有没有名称，它们都是有规律可循的。笔者通过研究试图回答，这些林林总总的认知谬误是否有共同的规律？它们之间存在什么关系？我们怎样才能更深刻地理解、记忆以及运用它们？

笔者运用结构化思维，将各种谬误做了结构化处理。

1. 认知谬误均出现在两大环节（见图 5-2）

（1）前提环节的谬误。
（2）前提推导结论环节的谬误。

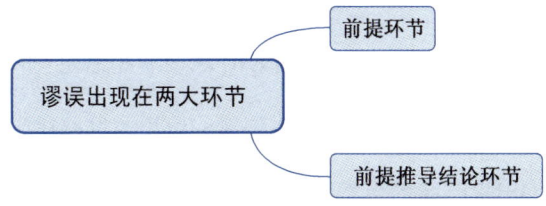

图 5-2 谬误出现在两大环节

2. 认知谬误有三大相关因素

所有的认知谬误，均与三大要素相关。

（1）有些谬误与概念类因素相关。概念是论证或辩论中的最基础的要素，就像物体中的分子。与概念相关方面的谬误是非常常见的。比如，有意或无意地偷换了概念，双方或多方心目中对某个具体的概念理解不同等。

（2）有些谬误与描述/事实类因素相关。前文提到，有些我们当作事实来描述的"事实"仅仅是我们的信念；自媒体时代更加是谣言满天飞，充斥着貌似特别生动、特别确凿实际却是谎言的描述。我们如何将之识别出来？

（3）有些谬误与逻辑类因素相关。有些论述人的逻辑功底不够，犯了逻辑错误；有些人信奉的理论本身存在问题，从理论推演出来的结论当然不正确。不同的人对世界、各种事物运行方式的理解不同。笔者将这些谬误都归属为逻辑类谬误。

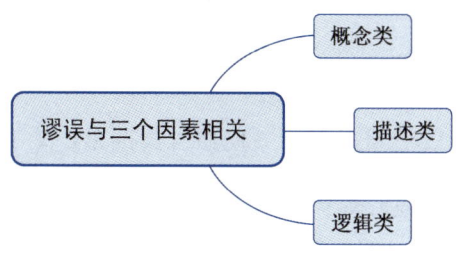

图 5-3　谬误的三个相关因素

现在我们回顾并总结一下：**产生谬误的三个根源**如图 5-4 所示。

（1）在应该慢思考的地方进行了快思考；

（2）在慢思考时不自觉受快思考系统的影响；

（3）慢思考能力不足。

这方面前文已有论述。

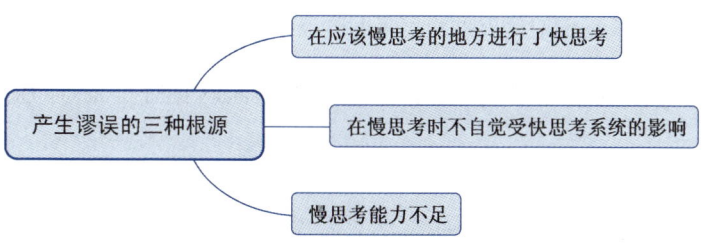

图 5-4　产生谬误的三种根源

谬误出现在两个环节：① 前提环节；② 从前提推导出结论环节。

谬误与三个因素相关：① 概念类因素；② 描述类（事实）因素；③ 逻辑类因素。

我们用结构化批判性思维厘清他人的思维、厘清自己的思维，发现思维中的各种谬误，具有很高的实用价值，应用场景广泛。

笔者归纳了一下，结构化批判性思维的应用场景可提炼为四大类：

（1）分析有观点的静态信息的场景；

（2）分析无观点的静态信息的场景；

（3）多人讨论时的场景；

（4）面对问题独立思考时的场景。

可视化批判性思维在四大场景的运用我们在下一章专门来讨论。

我们在本节用一些案例来看看认知谬误的三大相关因素——概念类谬误、描述类谬误和逻辑类谬误是如何表现的。

概念类谬误的案例。

例 1：

"这所大学的教学质量并没有出现滑坡，我在访谈中发现，绝大多数学生和老师都认为他们根本看不出什么教学质量滑坡的迹象。"

以上论证需要推敲"教学质量"这个关键概念。依据普通人的常识，"教学质量"可能存在以下几种定义。

- 学生的平均成绩；
- 学生思考问题的能力；
- 有博士学位的教授人数；
- 考试过关通常要付出的劳动量；
- 学生考上名校研究生的人数。

按照论证优先重构为演绎论证的原则，我们将以上案例重构为一个演绎论证。

前提 1：本校老师和学生清楚无误地知道学校教学质量是否滑坡。

前提 2：作者访谈了很多学生和老师，他们认为教育质量没有滑坡。

结论：该校教育质量没有滑坡。

以上演绎论证在形式上没有问题，但第一个前提是否真的为真，需要重新做一个论证。这个论证的要点是对"教育质量"这个关键概念进行清晰定义。

例 2：

大力牌催眠药：只需要 30 分钟，就可见效。

论题：你应该购买什么样的催眠药？

隐藏的结论：若想得到好睡眠，应购买大力牌催眠药。

理由：只需要 30 分钟就可见效。

本案例的关键概念是"见效"。这个词意思是不是很清楚？有困意叫见效还是进入睡眠叫见效？

例 3：

"我们绝对有必要对晒肤施加一点限制。晒肤会构成实实在在的健康威胁，带来很多严重后果。研究表明，晒肤的人罹患皮肤病的危险会大大增加。"

这里要搞清楚"晒肤"到底是什么意思？是户外晒肤还

是人工晒肤？冬天晒还是夏天晒？时间长短的影响如何？

例 4：

小罗从座位上站起来说："我这里的工作已经做完了。"在这里，"工作做完了"可能表达不同的意思，比如可以是说那个项目报告做完了；也可以是说本周的工作做完了，可以去度周末了；也许还可以表达对这里的工作厌倦了，想离开这家公司。

关于事实/描述类谬误。

所描述的事物失实是"事实/描述类"谬误中最常见的，这方面例子太多了，特别是在当前自媒体时代，更是谣言满天飞。

新冠肺炎疫情期间，很多文章真假难辨，但事后被证明是谣言。我们看一下这类文章的题目吧。

- 放烟花爆竹可以消毒，预防瘟疫
- 口罩正确戴法：感冒时有颜色的朝外，没感冒反过来
- 喝高度白酒、蒸桑拿，可以抵抗新型冠状病毒
- 一个武汉女人终结了法国大罢工，法国人都去抢口罩了

- 瑞德西韦生效，17～40 小时病人好转 90％以上
- 电吹风强档对面罩、面部和手部吹 30 秒就能消毒
- 每 15 分钟喝一口水保持喉咙湿润可预防新型冠状病毒
- 10 年前陈国生就预测预言了新冠肺炎的爆发
- 美国疾控中心确认新冠病毒源头是美国
- 钟南山近日出征欧洲，指导其他国家抗击疫情
- 李跃华夫妇受韩国邀请前往抗疫，代表国家出征邻国
- 比尔·盖茨发表公开信，称"病毒是伟大的纠错"
- 意大利政府将新冠病人尸体丢入万人坑
- 美国纽约殡葬公司员工累倒午睡，被同事误作尸体火化

这些文章活灵活现，每篇都被人们大量转发，很多人信以为真，但事后都被辟谣。对描述进行核实现在成了最难的事情。毕竟我们没有调查团队，没有侦查权力，也没有爬虫技术……我们应该怎么去判断他人的"事实性"描述的真伪？笔者有如下几个建议。

（1）尽可能去搞清楚"事实"的出处。不管出处来自国内还是国外，我们都要去看描述者是谁？是否权威？历史上

是否严谨? 历史上是否可信度高?

（2）尽可能从多个渠道去验证、核实。如果多个严谨的出处都揭示相同或类似的信息，则可信度高。

（3）干脆撇开描述性"事实"，对其逻辑层面进行分析，如果有关观点、论证的逻辑严谨，则相应描述的可信度也高一些；如果逻辑层面就错漏百出，我们只能合理推断其采信的"事实"的可信度低。

有时候，判断一个描述的真假，并不需要特别专业的知识，只需要常识和简单的计算。我曾经看过一个小视频，一位情绪激动的女子说："美国计划利用转基因食品，对中华民族进行亡国灭种。目前，他们输入中国的转基因食品和作物已经带来巨大的危害，造成8 000万中国妇女不孕不育。"

对于以上表述，我们可以简单计算一下：中国14亿人，女性大约7亿人，粗略估计0～20岁占四分之一，20～40岁占四分之一，40～60岁占四分之一，60岁以上占四分之一，20～40岁的育龄妇女大约1.8亿人。这1.8亿人中就有8 000万不能生孩子？因此,该女子的言论显然是有问题的。

人们对事物的描述不同，经常是由于视角不同，盲人摸象的成语即由此而来。有人曾经做实验，把一张纸分别放在两个人面前，问他们这张纸是什么颜色，一个说是白色，一个说是灰色。纸是同一张纸，人也都是正常人，为什么两个人的结论不一样呢？

其实原因很简单，我们通常都认为纸的两面都是一样的颜色，就像天天看白天鹅就容易认为天鹅都是白颜色一样，思维惯性会让我们的脑袋偷懒，忽略很多细节，导致看到的信息不全面，因此结论有分歧就正常不过了。

逻辑类的谬误是比较多的。

前文我们介绍过隐藏性假设包括描述性假设和价值观假设。类似地，我们的陈述也分为描述性陈述和价值观陈述（道德性陈述）。人们常犯的错误是经常把价值观陈述与描述性陈述放在一起论证，并从描述性陈述中得出道德性的规范性结论。其实，描述性陈述与价值观陈述没有任何关系，某个事件是真实的，与其道德与否没有任何关系。我们一定要谨慎对待仅从描述性前提就推导出规范性结论的论证。

要得出道德/规范性结论，一定得至少有一个正确的道德/规范性前提或价值前提。 仅有描述性前提是不够的。

例1：描述性陈述得出了规范性结论的谬误

教育局局长超越了他的权限，建议从三年级开始就开展明确的性教育。 很显然，席卷全国的艾滋病焦虑又多了一个受害者。 很明显，他深受媒体影响，哪怕对全国儿童造成损害也在所不惜。

性行为一直是局限在家庭小圈子里的隐秘话题。 直到最近，性教育才被强加给儿童。 教育局局长的建议完全取消了家庭的作用。 由父母对子女进行相关的解释才不会令人尴尬。 没有家庭介入的性教育完全剥夺了价值观，因此应该加以阻止。 多年来，家庭都承担着性教育的责任，这才是性教育本应采取的方式。

上文的论证概括如下。

结论：性教育不应该在学校里开展。

理由：

- 教育局局长的报告表现出过度的恐慌；

- 教育局局长受到艾滋病恐慌情绪和媒体渲染的影响；

- 教育局局长的建议排除了家庭的作用；

- 性教育是父母的工作，这是自古以来的方式，今后也应该这样保持下去。

第一个谬误是**人身攻击**。本论证一开始就攻击教育局长，暗示报告是为了响应媒体上的热点问题，这就削弱了他的可信度，诋毁了他的人品。

第二个谬误是**稻草人谬误**。稻草人谬误是一种错误的论证方式，指在论辩中有意或无意地歪曲理解对方的立场以便能够更容易地攻击对方。

文章暗示性教育的目标就是包揽儿童性教育的一切，树立了这样一个目标就容易攻击多了。

文章的第三条理由混淆了"是什么"和"应该是什么"。该论证描述了一系列作者认定的"事实"，但这些事实/描述性的陈述却试图得出一个"应该如何、不应该如何"的道德/规范性结论。我们不能只从就事论事的或定义性的声称引出道德/规范性判断，即不可能从"是"推论出"应当"。"应当"等规范性结论只能来自前提中的"应当"。如果论证中没有可辨识的道德/规范性前提,对道德/规范性论证来说,结构便是有缺陷的。**此时我们应该补充一个道德性描述作为价值观前提,并分析这个价值观前提是否成立。**如上例,我们得说明什么教育可以在学校开展,以及什么教育不能在学校开展。

其实上例还存在**虚假两难**的谬误。难道学校与家庭联手就没有任何可能?

例2:用描述性信息得出规范性结论的谬误

一家大型贸易公司的分公司 HR 人员跟公司总部 HR 人员讨论一个问题:假如每个员工都超额完成了业绩,是否应该突破公司之前确定的比例进行加薪?

总部 HR 回答:总部工作人员的加薪比例也很低。

这是典型的用描述性信息得出规范性结论的案例。

例3:缺少前提的谬误

亲爱的魏教授:

我刚看到我在您历史课上的成绩。我觉得40这个分数,不能准确表明我在这门功课上下的功夫。我知道有许多节课我没有去上,但我在期中和期末都很用功的。我不知道期末考试我得了多少分,但我相信不会差的。我没有交学期论文,那是因为快交该论文时我病得挺厉害,去不了图书馆,然后我想反正也晚了,您不会再接收了。魏教授,这个学期我真的尽力了,您一定也看到了我的进步。如果我得不到 60 分或更好的成绩,我就没办法加入学生会了。我知道教学大纲规定缺课四节就要受罚,但我真的觉得您不该因为缺课太多而惩罚我,因为我这个学期总是生病,自己也没办法。谢谢。

可怜的郑可

以上信件想论证和劝说教授不应该对他进行处罚,却缺少恰当的道德性前提,因此,郑可的论证不符合形式正确的论证的结构要求。

例 4:滑坡论证谬误

如果我们默许市政府禁播酒类广告,那它明年又会说糖果有害公众健康,因为糖果会导致肥胖、牙齿脱落和其他健康问题,我们有什么办法阻止它采取相应行动呢? 接下来它拿牛奶和鸡蛋开刀又该怎么办？因为牛奶和鸡蛋的饱和性动物脂肪含量都非常高，无疑会增加血液中的胆固醇含量，很多心脏病专家都认为它们是引发心脏病的重要原因，那我们要不要市政府来禁止在电视上播放牛奶、鸡蛋和冰激凌的广告？

还有，我们都知道市政府的行动，不论有多么激烈，都不能而且也不会在完全消除酒类消费上产生效果。如果人们想喝含有酒精的饮料，他们一定可以找到办法来满足自己。

结论：市政府不应该禁止在广播电视上播放酒类广告。

理由：

- 如果我们默许市政府禁止在广播电视上播放酒类广告，那么市政府会很快就禁止很多其他类型的广告，因为有很多种产品有可能带来潜在的健康危险。

- 市政府的行动没有一项能够或将会在彻底消除酒类消费方面起到有效作用。

第 1 个理由这样的论证方式是**"滑坡谬误"**。滑坡谬误是由一系列论证构成的内含着不止一个不能充分地推出的论证,即滑坡论证内含着一系列的论证,其中不止一个论证的推导过程是不充分的。

第2个理由存在着"**追求完美方案**"的谬误。追求完美方案谬误是指如果一个方案是不完美的,是存在缺陷的,那这个方案就是完全不能采纳的。这个谬误也很常见。现实中很多方案是在权衡利弊后设计的,本身并不完美,但却是可选择的最佳方案。

例5:另一个滑坡论证谬误

"一个面包圈或一支烟不算什么,哪个节食或戒烟的人没被别人或自己这么骗过呢?"

要揭示以上滑坡论证之荒谬,可以用这种策略:要求犯下这种谬误的人给"富人"之类的模糊词语做出定义。让他指定一个人得有多少钱的财产总额才算"富"。比如他说"X"块钱,然后从那个数字上减去一点,比如一千块钱,问他一个人如果有 X－1 000 块钱算不算富裕。对方肯定会说:"算的"。不断重复这个过程,每次减掉一千块钱。对方可能一直说"算的",直到这个进程的方向变得明朗起来,对方很快就得同意,拥有 X－X＝0 元钱是富人,这太荒唐了。 对方应能从这个例子中领会到,自己先前论证所使用的思维方式会导向同样荒唐的结论。

例 6:诉诸公众谬误

"我们应当让大麻成为人们用来缓解慢性疼痛的一种选择。 当社会对一种毒品的药用价值达成共识时,我们就该同意使用这种毒品。 现在显然社会上已经达成了同意使用大麻的共识。 最新的民意调查显示,有 73％的人认为应该允许使用药用大麻。 此外,艾滋病治疗协会也支持抽大麻成为艾滋病病人的一种治疗选择。"

我们将以上论证重构为演绎论证。

前提 1:多数人认为应允许大麻医用。

前提 2:多数人说的是对的。

结论:应允许大麻医用。

显然第二个前提不成立,因此结论不成立。 以上论证错误称为**"诉诸公众谬误"**,也是相当常见的论证错误,它试图用流行的观点和很多人的做法来论证有关观点和做法的合理性。

例7：另一个诉诸公众谬误

"不是所有的阳光都对皮肤有害。实际上，我认识的人每年去海边的主要目的就是晒晒太阳。你认识的人当中，有人去海边后会躲在酒店房间里不出门吗？"

我们将之重构为演绎论证。

前提：由于每年有大量的游客去海边晒太阳。

前提：很多人都做的事一定没坏处。

结论：所以，海边日光浴不会对皮肤有害。

显然，第二个前提存在诉诸公众谬误，是不成立的。

例8：循环论证谬误

结论由同一个结论来证明，这样一个论证其实是在回避问题，而不是在回答问题，这就是**循环论证谬误**"。循环论证是常见的，其实是换了一种说法说同一件事，核心也是推不出。

例如，"阅读传统教科书比阅读电子文本在学习效果上要好得多，因为以教材的形式来展现各种材料非常有利于学习。"

此人是想说：这样的做法非常好，因为它非常好。

例9：是否播儿童广告的分析案例

不少大公司花大量金钱对儿童进行广告轰炸。儿童节目中精心设计了各种商业广告，竭力向他们推销新款的玩具，告诉孩子们只有得到这些新玩具他们才能活得幸福快乐。向孩子做广告这种行为简直令人发指，应该被禁止。大公司向孩子做广告，而孩子根本不能理性、客观地评价他们看到的广告，实际上是给他们的父母戴上紧箍儿，要么对孩子说"不"，让孩子不高兴；要么对孩子的各种要求有求必应，最终宠坏孩子。

我们将上面案例梳理一下。

因为：孩子们缺乏辨识能力；

儿童广告让孩子父母增加很多开销。

所以：要禁止儿童广告。

本书前面说过，我们应该优先将论证重构为演绎论证。根据以上案例所表达的内容，可以将之重构为两个演绎论证。

演绎论证 1：

大前提：不能对没有辨识能力的人播广告。

小前提：儿童没有辨识能力。

结论：不能对儿童播广告。

演绎论证 2：

大前提：弊大于利的事情不能做。

小前提：播儿童广告弊大于利。

结论：要禁播儿童广告。

第一个演绎论证的形式没啥问题，但是我们要问的是，在电视台播儿童商品广告是不是等同于对儿童播广告？也许大人们想要根据广告的介绍来买一些儿童用品呢？

第二个演绎论证的一个前提是播儿童广告弊大于利，这个前提需要我们用非演绎论证去论证它。并且，我们要对有关辩驳进行回应，即我们要准备好辩驳性前提。

如果禁播儿童广告，我们需要对以下质疑做出回应。

企业也有言论自由的权利，其中就包含了广告权，因此，它们做广告的权利不应该受到限制。

如果可以证明儿童评价不了他们所看到的东西,因此会深受他们看到的广告的影响,那么就应该禁播面向儿童的那些广告。

如果提议者的主要目的是限制面向儿童的广告的内容,那么政府不应该简单禁播这类广告,而应该去努力规范面向儿童的广告的内容。

另外,我们还要问,有没有替代性方案可以做到既可以播出广告,为需要的人带来便利,也可以避免儿童广告中存在的问题? 有些非演绎论证充分性不足,如本例只考虑了坏处,没有考虑到好处,也没有考虑到替代解决方案,这类问题是非演绎论证中的常见问题。

我们需要考虑的问题可以用简单的结构图示意如图 5-5。

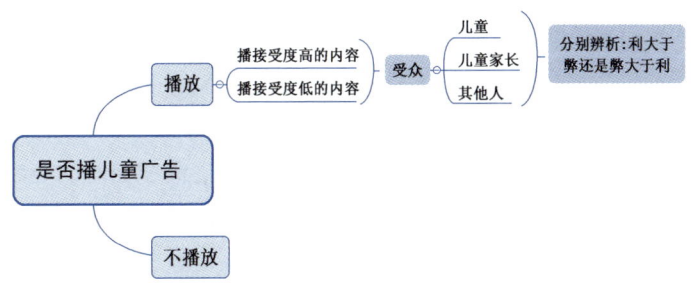

图 5-5 是否播儿童广告的分析

例 10：母乳喂养调研案例

最新发表在某权威医疗杂志上的一项研究显示，母乳喂养对妈妈和宝宝都有好处。该研究分析了 139 681 名女性的数据，发现一生中哺乳期超过一年的女性，在绝经以后患心脏病或中风的风险要比从没有哺乳经历的女性减少大约 10%。她们患糖尿病、高血压、胆固醇偏高等疾病的风险也会大大降低。

以上是一个研究报告，也算是一个非演绎论证。其结论是母乳喂养好，并用大量的统计数据支持这个结论。本书前面介绍过前提和结论的关系。我们再复习一遍。

从内容看，以上非演绎论证是一个从特殊到一般的非演绎论证，试图用一部分人的数据来得出一个普遍适用的结论。前提与结论的关系到底充不充分？非常充分还是部分充分？如果一个非演绎论证可以合理地解释所有理性的质疑，那这个非演绎论证就是比较充分的。就本例而言，需要面对的质疑或者替代原因至少有以下几点。

① 正因为有些女性更加健康，所以她才能够选择哺乳；

有些女性拒绝哺乳，也许是因为她们经常吃药、抽烟或面临其他健康问题，也就是拒绝哺乳的女性也许本身健康状况就不如选择哺乳的女性。

② 选择不用母乳喂养孩子的女性可能在外工作更长的时间，可能会面临更大的生活压力，因此也会出现更多的健康问题。

上面这个案例也算是幸存者偏差。

就以上案例，我们可以绘制两张结构图，代表不同的因果分析思路。结构图（一）如图5-6所示。

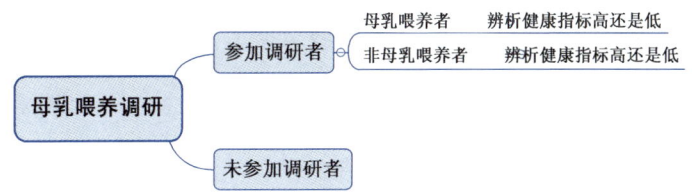

图5-6 母乳喂养调研结构图(一)

上图把母乳喂养作为健康的原因之一。

结构图（二）如图5-7所示。

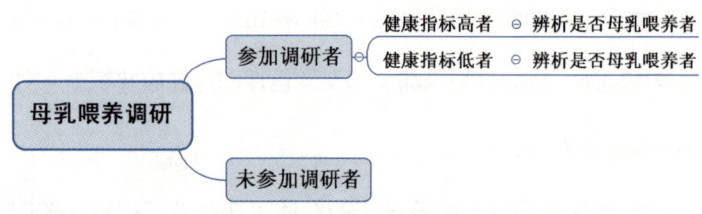

图 5-7　母乳喂养调研结构图(二)

同一件事可以画出不同的结构图。以上两个结构图代表着不同的因果关系分析。哪个因素是因，哪个因素是果，需要做进一步的研究分析。

例 11：小数定理

新冠肺炎疫情期间，文章《我复盘了 2003 年 SARS 时期的资产价格》回顾了 2003 年 SARS 期间及之后 A 股、港股和房地产市场的表现，得出以下结论。

SARS 会对资产价格有短期影响，对中长期的影响微乎其微。随着事件的平息，当年反而由此构成了重大投资机会。

这些资产的基本面和估值是最核心的，即使是当时市场杀跌，也跟它们业务本身关系很大，像港股的地产股就被杀过一波。

后面涨幅大的行业，像原材料、工业等，都是当时 SARS 时抗跌的主力。

不管这篇文章的结论之后在多大程度上得到验证，这篇文章的逻辑的本质是一个从特殊到特殊的非演绎论证。事隔十六年，中国经济在宏观方面、产业方面和微观方面都发生了很大的变化，这样一个论证的效力是不高的。

三　你知道质疑和攻击的区别吗？

批判性思维，顾名思义，就是要对思维进行批判。人们习惯于对他人的思维进行批判，但当人们掌握了结构化批判性思维的理念和方法后，不仅可以对自己的思维进行批判，而且可以提升对他人思维进行批判的质量。

在批判的过程中，有两种常见的"怼"的形式，即质疑和攻击，两者之间既有联系又存在重要区别。

1. 质疑

德·波诺在其思维课程中介绍了三种简洁的常用质疑方式。

（1）质疑其必要性和存在性。"我们有必要做此事吗？此事物有必要存在吗？"此类质疑所质疑的是某事物本身，质疑的强度很高，是一种非常彻底的质疑；

（2）质疑其唯一性。"这是做某事的唯一方式吗？我们能找到其他替代物吗？"此类质疑也质疑事物本身，但质疑的强度较第一种质疑为弱；

（3）质疑做某事或事物存在的原因。"做某事的原因成立吗？如果做某事的原因未必成立，我们是否应该做某事？"此类质疑并非质疑事物本身，而是质疑事物的重要相关方——原因。

还有一种质疑的分类，即按质疑的逻辑环节划分，具体为：

（1）质疑其前提；

（2）质疑其前提与结论的关系；

（3）质疑其结论。

根据质疑的具体方法可分为：

（1）正面质疑。这是最常用的质疑方法。

（2）反证质疑。运用对方的逻辑推导出荒谬的结论，从而反证对方论述的错误。

例1：

"杰克肯定是个马克思主义者。为什么？他是个无神论者，我们都知道马克思主义者都是无神论者；无神论是马克思主义意识形态的一部分。"

我们将以上论述重构为演绎论证。

前提：因为所有的马克思主义者都是无神论者。

前提：杰克是无神论者。

结论：所以，杰克肯定是马克思主义者。

这个例子比较简单，用文恩图即可轻易判断其错误。除此之外，我们还可以用反证质疑法指出其谬误。

按照有明显错误的原有论证模式，重新构建一个反驳的论证，便可轻而易举地证明原论证的结构不合理。例如。

前提：因为图书馆所有的书都是纸做的。

前提：杰克的风筝是纸做的。

荒谬的结论：所以，杰克的风筝是图书馆的书。

例 2：

"胎儿一出生就是人，但在从母体出来的前一分钟，一个小时，或前一天，或前一个月就不是人"。这种说法是很愚蠢的。在胎儿成长期间，并没有一个特别的时间点可以被理性地判断为人类，所以，就如分娩时一样，从母亲受孕的那一刻起，胎儿就已经属于人类了。

根据标准模式，这段话被重新安排如下。

隐含前提：因为孩子出生前那段时间的起止点，即受孕和分娩，其间差别很小。

前提：从怀孕到分娩的九个月里，没有特定的具体时刻可以断定为胎儿突然变成人类的时间。

隐含子前提：因为这个过程从开始到最终，其间的差别非常小，变化也小。

前提：坚持认为胎儿从受精卵到分娩期间在某个时刻突然发生变化，是非理性和武断的。

前提：分娩时胎儿是人类。

结论：所以，受孕时的胎儿是人类。

这段论证从形式上看颇有道理，但要判断其结论是否正确，得先看相关的前提是否能被接受。办法之一是按照此案例提供的论证方式，构建一个有相似逻辑、结论却荒谬的新论证，并以此来反驳原有论证。

我们可以提供一个荒谬的反证，具体如下：

40 ℃的天气算热了，对吗？可气温不是突然在 40 ℃的那一刻变热的。换句话说，气温比 40 ℃低 0.1 ℃的时候，天气不能算冷，对吧？在气温从 0 ℃升到 40 ℃期间，并没有一个特别的点可以确认这是气温变热的时刻，所以，我们可以得出结论说，0 ℃和 40 ℃的天气一样热。

这是个好例子。有时我们明显觉得论证的结论是有问题的，但是即便在我们对其论证进行重构后仍然不太能看清楚问题所在。怎么办？用反证质疑，用类似的逻辑推出一个荒谬的结论是一个实用的好方法。

2. 攻击

另一种常见的批判方式是攻击。

质疑的目的是获得真相,而攻击的目的是要赢。这是两者的根本区别。

一般有哪些攻击类型呢?

我们用图 5-8 展示,在通常情况下攻击者面对的是什么。

人(广义上的进行论证的主体)表达某种观点,包含前提、逻辑、结论。

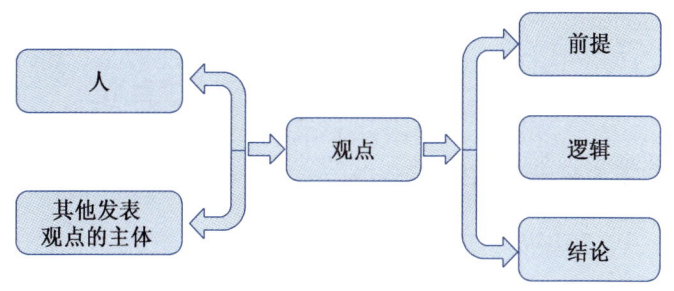

图 5-8 攻击的类型

一个攻击者通常面对的就是上述场景。上图实际上也清晰地展现了攻击点,其攻击点如图 5-9 所示。

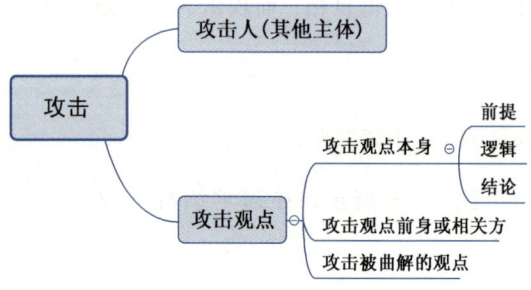

图 5-9 攻击点

① 攻击人

② 攻击观点

A. 攻击观点本身（前提、前提及结论的逻辑、结论）——这实际上是质疑，并不是攻击。

B. 攻击观点的前身或相关方。

C. 攻击被曲解的观点（所谓稻草人谬误即为攻击被曲解的观点）。

下面我们用一些案例来展示攻击是如何进行的。

例1：人身攻击

庞丽：我认为参加女生联谊会纯粹是浪费时间和金钱。

朱霞：你当然那样说了，反正什么联谊会都不收你。

庞丽：不说这个了，你怎么看我拿出来支持自己立场的那些论证呢？

朱霞：那些根本不算数，反正你就是吃不到葡萄说葡萄酸。

朱霞不去指出庞丽论述中的问题，而是针对庞丽本人进行攻击，虽然攻击得不算激烈，但依然是攻击。

例2：人身攻击

雷明：魏新，我认为我们应该在今晚把这里打扫干净。房东明天要见想租房子的人，他希望房子看上去舒服一些。他说上个星期，就是因为这儿太乱了，特别是厨房，他失掉了一个租客。他提醒说，合同上写着，要是我们提出不想续租了，这段时间里应该把公寓清理干净，好让别人来租，我们当初是同意了的。

魏新：他知道什么叫干净？他身上那件衬衫都穿了一个星期了。

魏新对雷明"应该将房子打扫干净"的论证不予回应，却去攻击房东个人的卫生习惯，以此来搪塞房东的要求。

例 3：攻击有关人的身份和动机

"你又不是女人，所以你对人工流产的看法毫无价值！"

我们来看一下这一论证在标准格式中是什么样子的。

隐含前提：你批评了我关于人工流产的论证。

前提：你不是女人。

隐含前提：在人工流产的问题上，男性的意见没有多大价值。

结论：所以，你对我的批评是不值得考虑的。

显然，第二个隐含前提很难证明。并且，按照通行的说理规则，谁主张，谁举证。所以提出这个说法的人自己要证明在人工流产问题上，男性的意见没有价值。

例 4：

"在给教师加薪的事上，马教授说的全不可信。他自己就是教师，他当然愿意加薪了。"

"你既不是政府官员，又不是业主委员会的成员，他们守不守约，你没资格说三道四。"

我们是不是觉得以上说话的方式很熟悉？现实中很多人

就是这样说话的。这样的说话不是好的说理,因为他没有针对对方的论证指出其错误所在,而是去攻击对方的身份和动机。

例5:

某医生在直播中说:"绝不要给小孩吃垃圾食品,一定要吃高营养、高蛋白的东西,每天早上准备充足的牛奶,充足的鸡蛋,还有高营养的三明治,吃了再去上学,早上不许吃粥。"有观众评论:是不是崇洋媚外过头了?

对于该医生的一些见解,自然是可以有不同意见的。但与该医生自己的言论是建立在常识与知识的基础上一样,所有关于他的辩论,同样都应该站在常识与知识的基础之上。如果是这样,我相信该医生会不以为辱,反以为荣。

只是很可惜,有时舆论场所呈现出来的却远非如此富有理性和建设性,而是常常以抹黑、打倒、搞臭一个人为目的。譬如一些人不与该医生争辩牛奶是否比粥更加有营养,而是指责该医生崇洋媚外不爱国。

例6：攻击曲解后的观点（稻草人谬误）

对话的一方支持建设新的水电站，另一方则反对。

卫国：我们这个地区，需要在十年内建一个新的发电站，不然就无法满足用电量激增的要求。

王娅：从你的话里可以听出，您根本不在乎水坝对植物和野生动物的影响，也不在乎是不是有人因此流离失所。

王娅从卫国的话引申出的结论，是没有根据的。从他的话中，任何人也无法推论说他不在乎建设电站可能造成的环境破坏。

例7：攻击相关方

A：刘老庄小区真脏。

B：隔壁小区更脏，你咋不说呢？

A：刘老庄小区真脏。

B：虽然脏，但毕竟安全。你要多看看那些经常有打架斗殴的小区，才能感恩我们小区目前多么安全。

从定义上看，质疑与攻击应该很容易区分，但实际情况是人们在现实中经常不注意区分或无法区分质疑和攻击。在很多明显是攻击的场景,人们仍然会觉得很正常。

比如,中国人民的老朋友基辛格在美国新冠疫情大爆发期间突发雷人之语"美国败了谁也不好过,尤其是中国。"随后,网友进行了反击,提出了五个问题:美国败了,是别人的责任吗? 美国不败,别国就好过吗? 美国人要自由、要人权、要集会,是抗疫大忌,必然失败,为何威胁别国? 别的国家该怎么做才能确保美国不败? 别国败了,美国好过?

此例中网友的反问确实犀利,围观者大呼过瘾。 此例可解读为人们在感受到被威胁时(也可以说是感受到被攻击时)用攻击来回应,这是可以理解的。 但实事求是地讲,从说理规则上看,这些回复是攻击而不是质疑,因为它们没有针对基辛格论述中的前提以及前提与结论的关系。 我们不是说不要反击、不能反击,而是要专业地反击、犀利地反击,否则可能起到反面的效果,贻笑大方。 如果我们追问基辛格的论证逻辑,并挑出其逻辑上的漏洞进行驳斥,岂不是更加过瘾?

四 人们在哪些情况下不能取得共识？

现实中存在大量无论怎么讨论都不能形成共识的情况，这是为什么呢？本节将讨论这个问题。但在讨论之前，笔者先展示一下理想中的讨论应该是怎么样的。

T. 爱德华·戴默在《好好讲道理》一书中写道：在我的逻辑课上，我通常以对什么是"智识行为的规范"的讨论作为开篇并贯穿始终。到了课程的结尾，我要求全班的学生选择一个当下的道德议题——对该议题，学生们或多或少在情感上有所倾向。然后我们分为两组，面对面地，遵循规则，连续讨论三节课。我的角色只是监督，对论题的题旨，控制住自己，什么也不说，只是当某一方违规时，才予以指出。我鼓励学生在这几天的课下研究这些问题，学生们也经常把研究所得带到课上来，让其他同学注意这些见解和证据。这种展示也是讨论的一部分。我实施这样的实验已经二十多年了，而几乎不变的，是在三小时的讨论之后，学生们总能够就这些问题达成完全的共识。在这些年里，他们讨论的问题分布很广，而学生们对自己讨论的结果，几乎总是又惊又喜。最后达成的立场很少是原先两种立场中的一种，而通常是"第三种"，而且是更好的一个。

笔者每次阅读这一段，都感慨这个场景太令人心仪了。笔者期待读者通过对本书的阅读和练习，能参与和引领这样的场景。

两个人讨论问题不能取得一致，有可能是两个人中至少有一人有认识谬误，也有可能是两个人都没有明显的认识谬误，但就是无法达成一致。这是个非常有趣的问题。根据笔者的思考，不能达成一致的情况可以简单归纳为以下两类原因。

（1）大量分歧来自价值观不同（见图 5-10）。如果价值观不同,则很难达成一致。 有趣的是,也存在价值观不同而能达成一致的情况,后文我们会举例分析。

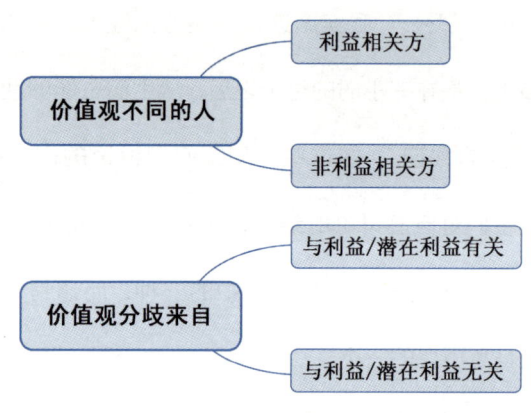

图 5-10　人们不能达成共识的原因 1

价值观为什么会不同呢? 一部分价值观的分歧来自接受的家庭和社会教育不同,还有一部分价值观的分歧来自各群体的立场不同,而立场的差异往往基于潜在利益的差异。 由于有些问题争论的结果胜负会导致不同的决策,而不同决策对不同群体的利弊影响很大,所以不同群体会支持对问题不同的认识和分析。 即使有些人声称自己不是利益相关方,自己的立场是公正的,实际上有可能只是不自知而已。

立场、倾向上的分歧有时候直接表现出来,有时候间接表现在价值观的分歧上。总之,非利益相关方的价值观往往比较单纯地取决于其家庭和社会教育,而利益相关方的价值观往往不仅取决于其家庭和社会教育,而且取决于与其利益相关的立场。

(2)在价值观没有明显分歧的情况下,人们会由于一些具体的技术问题导致难以达成一致(见图5-11)。当然,价值观的分歧也会由于一些技术问题加剧分歧。这些具体的技术问题如下。

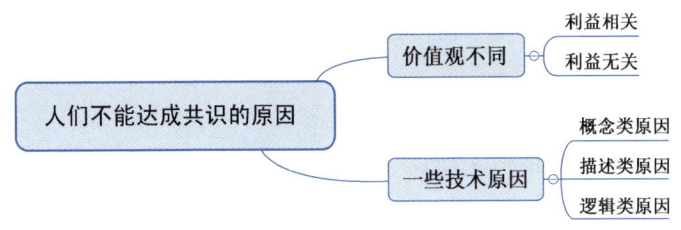

图5-11 人们不能达成共识的原因2

① 概念类:对关键概念存在不同的理解。

② 描述类:各方心目中对所谓事实的认识不同,而这些认识由于没有清晰地披露给对方,导致双方不知道自己掌握的

信息与对方掌握的信息不同。

③ 逻辑类：各方运用的逻辑不同，各方信奉的理论不同，各方对世界运行的认识不同。

下面我们进行具体的解读。

1. 关于价值观

（1）价值观的通用定义

价值观是人基于一定的思维感官活动做出的认知、理解、判断或抉择，也就是人认定事物、辩定是非的一种思维或取向，体现出人、事、物一定的价值或作用。

（2）价值观的特点

A. 稳定性和持久性

价值观具有相对的稳定性和持久性。在特定的时间、地点、条件下，人们的价值观总是相对稳定和持久的。比如，对某种人或事物的好坏总有一个看法和评价，在条件不变的情况下这种看法不会改变。

B. 历史性与选择性

在不同时代、不同社会生活环境中形成的价值观是不同的。一个人的价值观是从出生开始，在家庭和社会的影响下逐步形成的。一个人所经历的社会生产方式及其所处的经济地位，对其价值观的形成有决定性的影响。当然，报刊、电视和广播等宣传的观点以及父母、老师、朋友和公众名人的观点与行为，对一个人的价值观也有不可忽视的影响。

C. 主观性

指用以区分好与坏的标准，根据个人内心的尺度进行衡量和评价，这些标准都可以称为价值观。

（3）有三种类型价值观（见图 5-12）

A. 美学的价值观。其与文学和艺术的评价、美的标准相关。

B. 个人价值观。指个人所接受的、影响他们在生活中如何评价事物和做出决策的价值观念。在很多情况下，个人对价值观的选择和排序取决于当事人。比如有人认为独立生活比人际关系更重要，而有些人则恰恰相反，喜欢花时间与朋友、家人在一起，即使这意味着更多的妥协和更少的私人空间。

C. 道德价值观。与伦理道德相关的一套标准，在很多情况下具有普遍性。比如我们认同男女平等，反对种族歧视，等等。

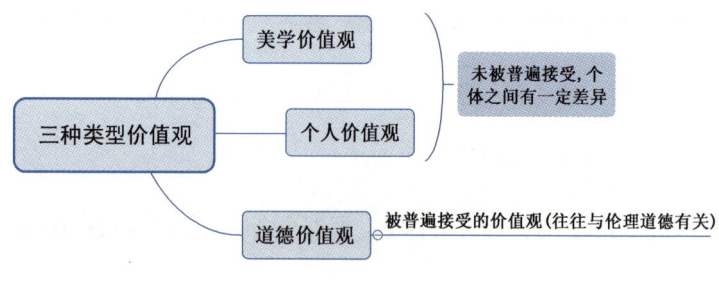

图 5‑12　三种类型价值观

现实中有很多分歧来自价值观的冲突。

忠诚 VS 诚实：该不该告诉父母弟弟经常逃学？

媒体自由 VS 国家安全：每周开总统新闻发布会是否明智？

秩序 VS 言论自由：我们应不应该监禁那些有种族主义思想的人？

理性 VS 冲动：打赌下注的时候该不该先查一下赔率？

公司的战略可以看作公司的价值观。

在一个公司内部，经常争执一些问题而不能取得共识，不同部门站在各自的立场上都有自己的道理，而这些道理往往在现实中存在冲突，此时即便是公司高层也常常不能做出清晰的判断和抉择。**出现这种状况的缘由往往是公司的战略不够清晰**——当我们把各部门的观点与公司的战略进行对照后，往往可以比较容易地进行是非对错的判断并做出相应的决策。

有时即使价值观不同，人们也能在科学严谨的分析后取得共识。

前文举过一个建核电站的例子，这里我们再拿来用一下。建核电站可以解决用电短缺的问题，可以少建火电站，但是在处理核废料的过程中可能会造成环境污染。我们是否应该建核电站？

本例中反对方和支持方分歧的根源在于双方的价值观假设不同。反对建核电站的人认为人的健康和生命安全是第一位的，建核电站会带来废料污染环境的潜在风险，好处再大也不能建。而支持建核电站的人则指出,人的健康不应该是唯一的考量因素,不建核电站就可能要建火电站,照样会带来污染,影响人民身体健康;当然也可以不建任何电站,那将导致人民生活水平低下,也会招致人民的反对。

价值观的选择不是想象的那么简单,不是人们只要选择表面上占据道德高点的价值观就可以了。万维钢在他的文章中假想了以下的场景。

我们假设现在有10亿人正在轻微地头疼,如果你杀死一个无辜者,那么这10亿人的头疼立即就能好,请问你杀还是不杀呢?

可以想象很多人会选择不杀。"我们都是有道德的人,怎么能杀害一个无辜者呢?"就像上面核电站的例子,很多人宁可选择不要核电也不能牺牲400个无辜的生命。

可现实中我们所有人早就选择杀了!每年死于交通事故的人数以十万计,可是我们照常开车、坐车,从来没有人提议禁止使用汽车。

更重要的是,我国每年有数以千计的矿工死于矿难。更不用说那些烧煤产生的污染及其导致的各种病症的增多。而烧煤,正是为了发电,火力发电就是中国目前发电的绝对主力。我们用着拿别人生命换来的电,心安理得。

很多人事实上正在做着与他们口头上声称的价值观相反的事情,不是这样吗?

一些问题表面上不是价值观问题,而实质上就是价值观问题。

价值观会发生变化。 以下"伤寒玛丽"的故事充分说明了这点。

"伤寒玛丽"不仅是传染病史上里程碑式的事件,也开启了后续很多年人们关于"隔离和人身自由权"的探讨。

"伤寒玛丽"的故事发生在 19 世纪末的美国,一名叫玛丽的女子是无症状伤寒杆菌携带者,她每到一个地方工作,就会传染很多人甚至害死很多人,以至于不停地换工作。玛丽声称其他人生病与她无关,并称不能限制其自由和工作,一度得到了民众的同情,但随着她一次次地感染民众,大家再也不同情她了。

"伤寒玛丽"的故事告诉我们,价值观是会变化的。开始主张自由和人权的人,当自己或者家人被感染,可能就会改变自己的价值观。

价值观没那么高大上,它与利益相关。

当新冠肺炎在国内得到基本控制后,面临是否要复工以及是否要全面复工的艰难选择。一旦全面复工,由于存在无症状感染者和境外输入漏网病例,这可能导致大量的新增病例,甚至导致疫情的卷土重来;但是如果不大面积复工,经济将严重受损,企业将大量倒闭,失业将大幅增加。如何做出正确的选择?实际上,不同的人由于其自身状况不同,立场也不同。对于富裕人群或者不上班也可以有收入的人群来说,他们显然会反对复工,他们的反对理由绝不会是"我想待在家里多休息几天",而是"人民的身体健康和生命安全是第一位的,复工会有疫情复发的危险"。没有稳定工作的贫困人口则支持复工,他们说,复工患病的概率是1%,而不复工饿死的概率是100%。这说辞虽然有夸张的成分,但恰好是对有稳定工作而不想复工的人的一个很好的回应。此时,不想复工的人如果坚持其原来的要以人民生命为第一位的价值观,就应当改变其观点,转而支持复工。

人的价值观不那么稳定,人们经常在不同的事情上自相矛盾。

比如,我们坚信减少苦难是善,这个很多人都能认同,如果这个价值观恒定不变,那人们在以下测试中会表现稳定。但现实是,人们在很多情况下的选择差异很大。

人们在愿意帮印度人和澳大利亚人的测试上存在差异;

人们在回答在酒中下毒与没能阻止别人喝下其他人下过毒的酒时存在很大差异;

人们在回答牺牲一个人就能挽救 10 个人与牺牲 10 个人就能挽救 100 人时差异很大。

这些都表明,人们的价值观不像他们想象的那样稳定。有一本书叫《你以为你以为的就是你以为的吗?》,书中用很多案例说明了这点。

综上,个体的价值观在很多情况下与利益相关,静态地看不稳定,动态地看会变化(见图 5-13)。

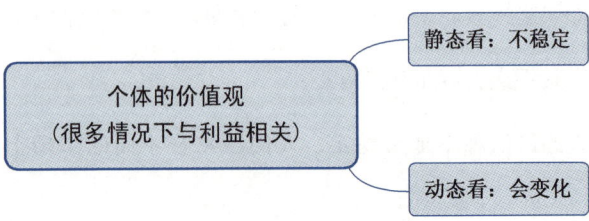

图 5-13　个体价值观的不稳定性

2. 除了价值观以外，人们由于概念类、描述类和逻辑类因素而不能达成一致

"学校里的辅导员建议我上逻辑课。他说，逻辑教人如何论辩。但我想，人们已经论辩得太多了。所以我不想学它。其实，我觉得压根就不该开逻辑课，它只会给社会增加紧张气氛。"

第一处的"论辩"指的是严谨地使用证据并运用推理来支持结论的过程。第二处"论辩"指的是争吵，或那种不讨人喜欢的言辞激烈的宣讲。词义的游移，会让有的人从中得出"逻辑课让人变得难以相处"这样令人尴尬的结论。

新冠肺炎疫情期间，有一阵子高价销售紧俏医疗物资是不是"发国难财"这个问题被激辩，有些人说这就是奸商，就是发国难财；而另有人说人家冒着巨大的风险提供了紧缺的物资，对需要者提供了可贵的帮助，难道叫发国难财吗？并斥责这样说的人就是那些只说不做的人，他们只会对别人品头论足，而自己完全不做事。

这个引发民众尖锐对立的问题也可以通过对"发国难财"这个概念进行定义并做严谨的讨论来取得一定程度上的一致。比如，冒着巨大危险提供了紧缺物资，允许贵一些，但贵到一定的程度就算发国难财了；再如，先限定价格涨幅不能超过日常价格的20%，此时如果供给不足，则说明此时的利润不足以补偿对应的风险和成本，则允许在一定幅度内继续提价。这样是不是就可以使两方观点趋于相对的一致？

双方对概念的理解不同，是双方不能达成一致的重要原因。对概念的理解不同这一点经常是隐蔽的，双方不知道或者说忽视了对方对关键概念的理解与自己不同。但是在辩论赛中，双方对概念的理解差异不是隐蔽的，而是要放在桌面上的，这是辩论赛中的重要技巧。

辩论有时就是要纠缠在关键概念的定义上，在下面的案例中，什么是"贸易保护主义"，什么是"可以抑制"，都要定义清楚才能去辩论。

北京大学队对澳门东亚大学队的辩论赛即将拉开帷幕。

主席：……今晚的辩论题是"贸易保护主义可以抑制"。今天晚上正、反方的立场是以抽签决定的。好，现在就让我们请正方第一位代表李政同学表明正方的立场以及发言，时间是四分钟。请！

李政：谢谢！这些年来贸易保护主义重新蔓延，使世界经济和贸易受到严重影响，尤其是使发展中国家蒙受了巨大的损失。面对这种情况，有些人可能会对抑制保护主义失去信心，我们认为贸易保护主义是可以被抑制的，一切悲观和失望的观点是完全没有必要的。这里我们理解的贸易保护主义主要是指西方发达国家政府为了保护国内产业而采取的限制进口的措施或意向。我们所说的可以抑制，不是说待一个早上保护主义就会烟消云散，也不是说保护主义今后不再出现，而是说经过各国的共同努力，我们可以抑制它的发展势头，使它不至于继续恶化。

李莹：对方的同学，你们刚才给贸易保护主义下了定义。可是我们认为贸易保护主义是一种思潮，让我们重新给贸易保护主义下个定义吧！贸易保护主义就是为了保护国家的经济利益而施行贸易限制的一种思潮。请记住，是施行贸易限制的一种思潮，而且为了达到这个目的会采用一些政策，包括关税壁垒和配额制度，等等。我们今天要谈的是贸易保护主义，而我方认为贸易保护主义是不可以抑制的。

上例展示了辩论双方对关键概念进行定义，对观点进行描述，对歧义进行说明。

概念定义的一个重要技巧是拆解，如可将"抑制贸易保护主义"拆解为"抑制""贸易""保护""主义"四个词，每个词可以有解释和定义（注意，关键概念不仅包括名词，也包括动词）。说"贸易"，一定是有对象的，双方的或者多方的，发达国家或者发展中国家。在"保护"这个定义上面、双方也相当的一致，都认为没有什么特别可以争论的。最大的焦点是在"主义"上，其实主义和现实或措施是有一点不一样的，可辩论时提到思潮和别的现实，这当中是可以争论的，就是说主义跟现实不是一样的，不是一件事情。那么谈到抑制，也许我们可以谈到一个时间性的观念，目前或者将来，或者是短暂的，或者是永恒的一个状态。

人们在什么情况下一定可以达成一致？

我们凭常识感觉到在现实中不能确保人们一定达成一致，但是我们可以创造出一个理想中的场景，探索只在理论上存在的一定会达成最终一致的"真理追求者"之间的讨论。

这里要引入一个叫作"共同知识"的概念，就是我知道你的观点，我也知道你知道我的观点，你也知道我知道你知道我的观点……这就是共同知识。在双方拥有共同知识时，双方就会达成一致。

所以我们可以说，两个真诚理性的人应该对事情有相同的看法。如果争论不欢而散，一定是有人不诚实！这个理论有很多推论。比如说一个真正理性的人，如果他认为其他人也是理性的，那么他不应该买股票。为什么？因为如果他买一只股票，就必然有人卖这只股票——这就意味着两人对这只股票的升值没有共同知识。

"脏脸问题"是共同知识理论的著名案例：有三个人，他们的脸都是脏的，但是自己都不知道，他们各自只能看到其他人的脸是脏的还是干净的。这时如果让他们判断自己的脸是干净的还是脏的，显然3个人都说不出。这时，作为局外人的我告诉他们："你们之中至少有一个脸是脏的！"，其实这明显是一句废话，因为每个人都可以看到其余两个人的脸都是脏的，但就因为这一句看似没用的话，游戏就可以进行下去了。这时我再问第一个人他的脸是脏的还是干净的，他还是答不出来；问第二个人，也答不出来；但是当我问第三个人的时候，如果他足够聪明的话，就应该肯定地回答，"我的脸是脏的！"。推理过程也很简单，第一个人答不出来，说明第二、三个人至少有一个脸是脏的（否则第一个人就知道自己脸是脏的了）；第二个人当然知道第一个人的推理，如果这时他看到第三个人的脸是干净的，就可以迅速判断自己的脸是脏的；第三个人看第二个人还说不出来，那自己的脸肯定是脏的了。

总之，共同知识可以理解为双方心目中的概念、描述和逻辑乃至价值观都完全一致，此时，他们可以在外部信息量很少的情况下对具体的问题达成一致。如果双方争论很久却不能达成一致，除了之前我们说过的价值观分歧之外，还有可能是因为双方没有共同知识，双方掌握的信息不同，包括对概念的理解不同，对"事实"的认知不同，掌握的理论不同，对事物运行规律的认识不同，等等，而这些信息对方不知道，或有意不让对方知道，因此有些信息属于隐藏的信息。在这样的情况下，双方可能永远不能达成一致。

五 一般我们用哪些步骤来进行结构化批判性思考？

对可视化、结构化后的内容进行批判性思考有六个基本步骤（见图5-14）。

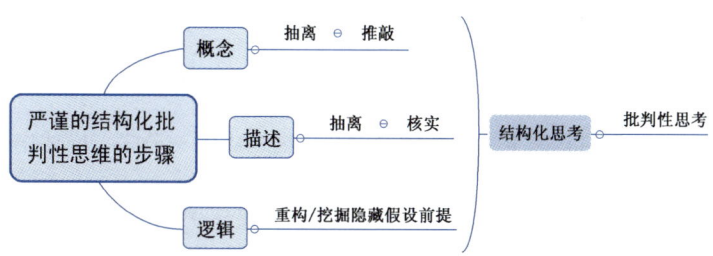

图5-14 严谨的结构化批判性思维的步骤

1. 抽离以下要素。

（1）概念：找出重要的、关键的概念；

（2）描述：找出重要的描述。

2. 对关键概念进行推敲，避免概念的不同理解和偷换。

3. 核实所描述的"事实"，发现失实。

4. 对论证逻辑进行重构，特别是要潜心挖掘出隐藏的假设前提。

5. 对上述概念、描述、逻辑做结构化思考。

6. 在结构化的基础上对重构后的逻辑进行批判性思考。

上面的六个步骤是严谨的做法，适用于比较复杂的分析。

特别需要补充说明的是，第5个步骤中，结构化思考有两个方向，一是把问题中的因素往下层分解，以提升思考的深度；二是把问题中的因素作为一个大结构中的一分子，描述出这个大的结构，以提升思考的高度和广度。把要素往下分解比较容易理解，而把要素向上提炼也十分重要。比如我们现在分析马，再向上可以分析哺乳动物，再向上可以分析动物，再向上可以分析生物……比如我们讨论设置员工的KPI，其上级概念就是员工管理，员工管理包括设置 KPI，也包括其他内容；而员工管理又从属于管理的一部分，比如管理可以分为管人、管物、管事等，员工管理就属于管人。勾画相关要素在更大结构中的位置是深度思考的重要技能。

对于相对简单的问题，我们可以简化为以下步骤，如图 5-15 所示。

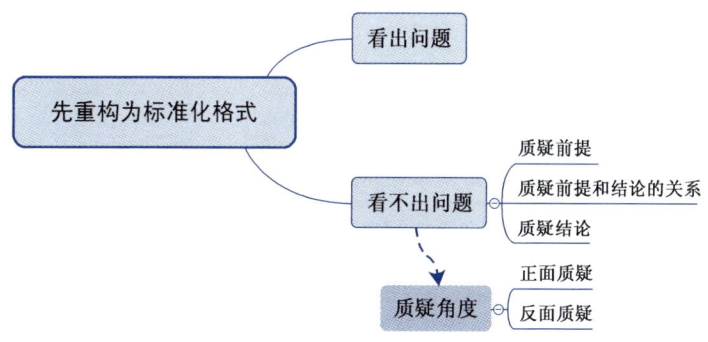

图 5-15 简化的结构化批判性思维的步骤

用批判性思维对可视化、结构化处理后的信息进行检视，会发现其中的概念类谬误、描述类谬误和逻辑类谬误。这个过程是一个换种方式重构表达的过程，经过这个过程，我们可以厘清自己和他人的思维，发现其中的谬误。

经常地，只要你把对方的论证用标准形式梳理出来，抛却无关的材料，你就会发现，对方的毛病一目了然。

当然，不是每次论证被重构后都能看出问题。也有很多论证比较复杂，需要较高的慢思考素质，需要强大的逻辑能力，以及人文科学和自然科学素养。

下一章将举例说明可视化批判性思维在四个场景中的运用。

我们用问题的形式对本章要点进行总结：

1. 谬误除了三大根源外，还有三大相关要素，你还记得吗？

2. 有几种主要的质疑方式？

3. 有几种主要的攻击方式？

4. 质疑与攻击有什么不同？

5. 人们在哪些情况下难以取得共识？

6. 请描述严谨的结构化批判性思维的步骤。

7. 请描述简略的结构化批判性思维的步骤。

拓展问题：

1. 你相信统计数据吗？看了本书后是不是对统计数字有了更深的理解？

2. 仔细体会，你的工作和生活中有概念类谬误吗？有描述类谬误吗？有逻辑类谬误吗？试着将它们写下来。

3. 你们单位讨论问题时是不是会出现经常不能达成一致的情况？你运用本书的理论分析分析，原因是什么？

4. 关于等疫情明朗再买股票的案例，你还能找到其他的隐藏假设吗？本书中的其他案例，你能找到更多的隐藏案例吗？

第六章 结构化批判性思维可以应用在四个重要场景

我们把外部信息分为静态信息和动态信息两大类。静态信息不会跟你交互，比如报刊、媒体上的文章、视频等，这些信息有的有明确的观点，有的没有明确的观点，但相同的是，它们都不会跟你进行交流，当你反驳其观点或者询问其所描述的细节时，它们都不会回应你；所谓动态信息发生在人们相互交流时的场景。别人可以反驳你的观点，反之亦然。你们可以问对方问题，可以回答对方，可以质疑，乃至可以言语攻击。基于以上信息的分类，我们将结构化批判性思维的运用场景分为以下四种（见图6-1）。

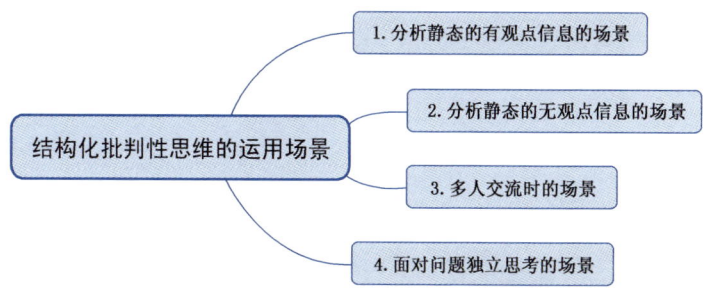

图 6-1　结构化批判性思维的运用场景

（1）分析静态的有观点信息的场景。

（2）分析静态的无观点信息的场景。

(3) 多人交流时的场景。

(4) 面对问题独立思考时的场景。

下面我们分析一些典型案例来对结构化批判性思维在四个场景的运用进行初步训练。

一 面对静态的有观点信息时的结构化批判性思维训练

1. 看再多的材料,人们也很难改变自己的立场

人们只相信自己相信的。对于带观点的信息,人们只支持他原本支持的观点。

错误案例:

有人拿芝加哥大学的研究生做过这样一个实验:关于是否应该禁枪,研究人员伪造了两篇学术报告,受试者只能随机看到其中一篇。这两篇报告的研究方法乃至写法都完全一样,只有数据对调,其结果分别对一种观点有利。受试者们被要求评价其所看到的这篇报告是否在科学上足够严谨。结果，如果受试者看到的报告符合他原本就支持的观点，那么他就会对这个报告的研究方法评价很高；如果是他反对的观点，那么他就会给这个报告挑毛病。

思考：为什么会出现以上问题？这在你平时的阅读中常见吗？

由于以上"确认偏误"的普遍存在，我们在阅读、收听、收看静态的有观点信息时，一定要有"求真""或谬"的意识，一定要有认为自己有可能是错的的意识，一定不能只看外部信息的结论，而要仔细分析其关键概念、描述/事实和逻辑。

2. 偷换概念很隐蔽

新冠疫情在中国肆虐期间，有文章分析了湖北省外病例的死亡率，得出新冠肺炎相当于一次超强力流感的结论。

这篇文章太长，在此不便赘述，但此文在关键概念"死亡率"上犯了偷换概念的错误。普通流感的医疗条件与湖北省外治疗新冠肺炎的医疗条件相差很大，因此在不同医疗条件下的死亡率其实是不同的概念。湖北省外的确诊患者绝大多数是住院治疗的，试问又有多少流感患者住院治疗？在关键概念上出现漂移，结论就难免错误了。

上述实例给出了一个有趣而令人胆战的启示：对一篇静态的有观点信息的深入分析经常来自对其结论的怀疑——笔者对上述文章的分析即起源于笔者阅读该文后对其结论的怀疑。但是反过来想，**如果笔者认同作者的结论，那是不是就不会展开后面的分析了？** 思之不寒而栗。

怎么解决这个问题？ 笔者思考的结论是，靠个体的力量非常难解决，需要很多不同立场的人在认同和掌握结构化批判性思维的理念和方法的基础上展开有质量的交流，这样才有可能逼近真相。

3. 对关键概念的理解需要一定的专业知识素养

错误案例：

我最近发现美国教堂可以不用缴税。这个例外违背了美国宪法中要求宗教和国家相分离的条款。通过给教堂免税这样的措施，政府其实是在经济层面上支持宗教。对教堂实现税收减免迫使美国人支持宗教，即使他们反对身边的宗教信条。教堂不应该再继续享受这类的免税待遇。

思考：请尝试做结构化批判性思考。你发现什么问题了吗？

以上论证是一个非演绎论证，我们将之重构如下。

结论：教堂不该再继续享受免税待遇。

理由：① 对教堂的免税政策违背了美国宪法中规定的政教分离的条款；② 对教堂的免税政策迫使美国人支持宗教，即使他们反对身边的宗教信条。

基于这些理由，我们可以得出好几个合理的结论：① 如果美国宪法和这些免税政策之间产生了冲突，也许我们需要通过司法解释来修改宪法，就像法庭调整对法律的解释来适应新时代的需求一样。② 因为一个民主的立法过程，它的本质就是公民总是要为某些他们作为单独的个体不情愿去做的事情缴税。如果国会说我们需要一只庞大的军队，那么公民就需要缴税来支撑这支庞大的军队，不管我们作为个体愿不愿意支持国防开支。

有些问题需要专业知识以及对概念的理解，反思和洞察力。比如对民主这个概念的理解，它不是表明民众想干就可以干他认同的事，而是一个少数服从多数的制度。本例中，我们需要挖掘出隐藏的假设，即不支持宗教的人就可以不为宗教做贡献。当进一步引申，就可以挖掘出下面的假设：在民主国家，人们只要不愿意干某事，就可以不被强迫干某事。经过这样挖掘隐藏假设前提的过程后，我们就可以看出其谬误所在。

本例表明，我们的结构化批判性思维的理念和方法需要与一定的知识素养相结合。

本例也可以用结构化处理来厘清思维（见图6-2）。

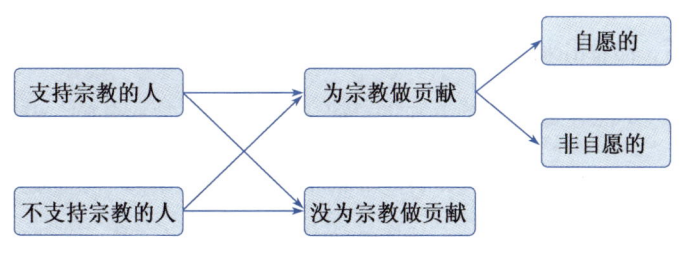

图6-2 结构化分析示例

画出以上结构之后，将迫使我们思考每一种可能性，从而挖掘出尽可能多的隐藏假设——在本例中，我们将推敲，在什么情况下，支持宗教的人，实际上没有为宗教做贡献；在什么情况下，不支持宗教的人，事实上在为宗教做贡献；从而进一步地悟到一个大家都知道但是经常会误解的常识，即民主不是为所欲为，而是一个少数服从多数的制度。

4. 足够慢才能看出问题

一个笔者非常佩服的公众号作者在某次演讲中说了如下观点。

① 当前企业家信心和公务员动力不足，对经济发展不利；

② 引用张维迎的理论：所有的产业政策都不好。

思考：以上观点看起来似乎不无道理，但其实藏着一个矛盾，你看出来了吗？

表面上看起来以上观点没什么大问题。但是当我们慢下来推敲时，我们不禁要问，如果所有的产业政策都不好的话，而公务员的一个重要工作就是制定和推动产业政策，那么，公务员动力下降为什么一定是坏事？莫非产业政策有时候也会对经济发展有利?

即使前面的论述是对的,也缺少一个逻辑环节去补充解释,比如公务员动力因素并不完全体现在产业政策方面,并且在其他方面的正面作用大于产业政策方面的负面作用。当然,描述的真实性是另外一个维度的问题,如果有人不相信当前企业家信心和公务员动力不足,就需要额外进行定义和证明。

本例说明了一个极其常见的现象,即人们很难做到自身价值观和逻辑的一致性,更加凸显了结构化批判性思维的应用价值(见图6-3)。

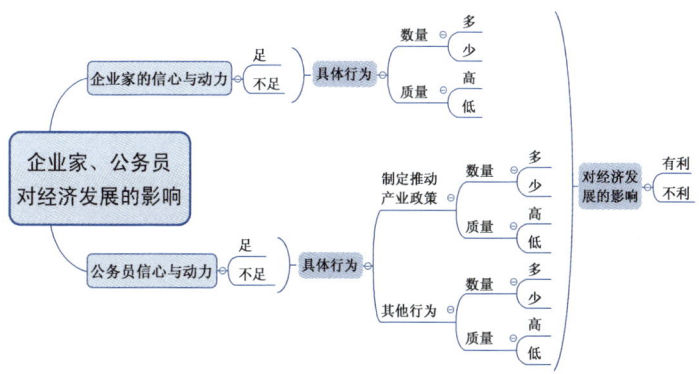

图6-3 结构化分析示例

二　面对静态的无观点信息时的结构化批判性思维训练

人们在面对无观点的静态信息时运用结构化批判性思维的方法，实际上就是在对自己的论证和结论进行结构化批判性思考。

举例：

现实中大量存在受情感影响，对不带明确观点的信息做出**仓促判断**的情况。

一个研究机构以做调查为名招募了若干受试者，发给每个受试者一封呼吁给非洲儿童捐款的募捐信，而这封信有两个版本。

第一个版本列举了一些翔实的统计数字：马拉维有三百万儿童面临食物短缺；安哥拉三分之二的人口，也就是四百万人，被迫远离家园；等等。

第二个版本说你的全部捐款会给一个叫诺奇亚的七岁女孩。她生活在马里，家里很穷，时常挨饿，你的钱会让她生活更好一点，也许你的捐款能帮助她获得更好的教育和卫生条件。

研究者问受试者愿不愿意把一部分报酬捐给非洲。结果收到第二个版本募捐信的人平均捐款比收到第一个版本募捐信的人多了一倍多。

思考：为什么会产生以上这种情况呢？

不知道是哪个名人说的，"杀死一个人是悲剧，杀死一万个人是统计数字"。这个捐款实验说明，统计数字的力量远远比不上一个具体的人。受试者对远在天边的国家的抽象数字没有多大兴趣，而他们对一个具体人物——哪怕仅仅听说了她的名字和最简单的背景——更乐于出手相助。

本例说明，人们在对不带明确观点的信息得出自己的结论并相应作出行动时，会不自觉地受自己情感的影响。当然，只要我们是人，我们就不可能做到完全杜绝情感的影响。

此时，我们一方面要告诫自己从情感中摆脱出来，另一方面要主动运用结构化批判性思维来使自己的思考更有质量。当然，前文多次指出，仅有逻辑能力是不够的，我们**需要具备一些基本的科学素养**，下面几个案例充分说明了这一点。

1. 随机：人们总是用必然解释偶然，人们擅长在没有规律的地方找规律

如果一个人考上好大学，人们会说这是她努力学习的结果；如果一个人事业成功，人们会说这是他努力工作的结果。可是如果一个人买彩票中了大奖，这又是因为什么呢？

"彩票分析学"是深受彩民喜爱的一门显学。这门学问完全合法地出现在各种晚报、新浪网、搜狐网甚至是人民网上，认为彩票的中奖号码跟股票一样，存在"走势"。它使用"双色历史号码""余数走势""五行码"等五花八门的数字曲线，使用"奇偶分析""跨度分析""大中小分析"，帮

助彩民预测下一期中奖号码。彩票专家们信誓旦旦地声称他们能在一定程度上预测中奖号码，最起码也能评估最可能出现的号码范围。所以近期多次出现的组合可能会继续出现，或者按照这个趋势可以预测下一个号码。但是严谨的科学告诉我们，中奖号码是纯粹的随机现象，根本没有规律。

大多数事情并不是完全的随机事件，却都有一定的随机因素。偶然和必然如果结合在一起，就没那么容易理解了。人们经常错误地理解偶然，总想用必然去解释偶然。

体育比赛是最典型的例子。球队赢了球，人人有功，记者帮着分析取胜之道；球队输了球，人人有责，里里外外都要进行反思。但比赛其实是充满偶然的事件，你所能做的只是尽可能争取胜利。哪怕你准备得再好，也总有一些因素是不确定的，这就是我们通常说的运气。

工作生活中类似的例子比比皆是。在公司经营中，哪个部门业绩好，就认定这个部门能力强或者特别努力；哪个部门业绩滑坡，就认为他们出了问题。这样看问题大体上没错，但是要提醒自己去检查是否存在偶然性因素。投资也是一样，一个基金经理这段时间业绩好，就认为他投资能力强，岂不知在多数情况下，短时间投资业绩好坏的偶然性很大。2015年股灾时，一些之前声名赫赫的私募基金短时间内被消灭，说明其之前的投资策略只适应部分的行情特征，一旦遇到它不适应的行情特征时，缺乏快速调整的能力，在残酷的市场拼杀中就只能面临失败的命运。

理解随机性，我们就知道有些事情发生了，但并没有太多可供解读的意义。我们如果试图从这件事获得什么经验或教训，往往徒劳无功，甚至会误导我们。

2. 误差

历史上最早的科学家曾经不承认实验可以有误差，认为所有的测量都必须是精确的，把任何误差都归结于错误。后来人们才慢慢意识到偶然因素永远存在，即使实验条件再精确也无法完全避免随机干扰的影响，所以做科学实验往往要测量多次，用取平均值之类的统计手段去得出结果。

有了误差的概念，我们就要学会忽略误差范围内的任何波动。

2014年1月,国家统计公布了2013年全国国民收入基尼系数为0.473,新闻报道说"该数据虽较2012年的0.474略有回落,但仍显示居民收入差距较大。"这个"回落"有多大?0.001。从统计角度来说其实没什么意义。可能测量误差就超过0.001。

考试成绩也是如此,假设一个同学考了两次才过英语四级,第一次考58分,第二次考61分。他说这是略有进步,但实际情况未必真的略有进步,只是在测量误差范围之内而已。

2020年4月29日晚,国际医学期刊《柳叶刀》在线发表了新冠肺炎(COVID-19)抗病毒药物瑞德西韦全球首个随机、双盲、安慰剂对照、多中心临床试验结果。数据显示,与安慰剂相比,抗病毒药物瑞德西韦治疗危重症住院患者,并未加快COVID-19的恢复速度,也未降低病死率。

研究显示,随机入组后28天内的病死率两组相似,瑞德西韦组14%(22/158),安慰剂组13%(10/78)。然而,该次要终点的亚组分析发现,在发病后10天之内接受瑞德西韦治疗的患者中的病死率较低，为11％（8/71），而安慰剂组为15％（7/47），但差异没有统计学显著意义。

本案例的结果在普通人看来，瑞德西韦具备一定的疗效，特别是对早期患者而言，但在科学家看来，"差异没有统计学意义"。这就是说，实验数据显示的瑞德西韦优于安慰剂的疗效在误差范围内。

我们在面对不带观点的静态信息时，自己会得出自己的观点和结论。我们的观点、结论正确与否，一方面取决于我们的情感、立场、利益等，另一方面取决于我们的科学素养。如果我们的科学素养低，即使我们表面上重构了良好的演绎论证或非演绎论证的形式，但由于论证中显性或隐性的推理是错误的（如上例，我们如果认为只要药物组检测的结果略好于对照组就说明药物有效），我们仍然难以得出正确的结论。

三　多人交流时的结构化批判性思维训练

T. 爱德华·戴默在《好好讲道理》一书中提出，有质量的交流，需要遵循三个最基本的原则：**或谬原则、求真原则、清晰原则**。

或谬原则是指每个参加讨论或辩论的人，都要心甘情愿地接受一个事实，那就是：我可能是错的。每个人都要承认，在所涉的论题上，自己原先的观点并不一定是无懈可击的观点。这是至关重要的第一步。不幸的是，在很多讨论或辩论中，这一步很少迈出，这就是为什么很多重大的讨论进展很小的原因。在实际中相当常见的情况是，很多人声称自己具备了或谬原则，但遇到实际情况仍然控制不了求胜的欲望，放不下自尊心，别人只要有不同意见就驳斥，为此不惜运用各种攻击手段和逻辑谬误，这就是没有真正地遵循或谬原则。

求真原则是指每个参加讨论或辩论的人，都有义务热切地探求真义，至少探求到所能达到的最合理的论证。也就是说，每人都应愿意认真对待对方的观点，**挖掘对方意见中可能包含的真知灼见**，并允许对方就任何方面发表论证或反驳。苏格拉底教导我们，只有承认自己的无知，我们才有希望达到真知。从那时起，求真原则就与或谬原则成为一对手挽手的好兄弟。

清晰原则是指我们观点的表述、辩护、反驳等，都不能语义混乱，并能够把不同的观点清晰地区分开来。这看起来简单但实则不是一件容易的事，对讨论者的能力提出了很高的要求。笔者写作本书的目的就是希望读者通过理解结构化批判性思维的理念并通过在实践中大量有意识的练习和运用，掌握可结构化批判性思维的方法，提升我们遵循清晰原则的能力。

以上三个原则是讨论问题或辩论的最基本原则，前两个原则是有关讨论者的意识和态度的，第三个原则与讨论者的能力相关。只有遵循了以上三个原则，讨论或辩论才有可能有质量；不遵守这三个原则，讨论或辩论的质量绝不会高。

新冠疫情期间，朋友圈撕裂成为常态，针对疫情细节的有关报道，老友拉黑、夫妻反目的不在少数。但是细究交流乃至吵架的细节过程，通常是低质量的交流，表现为你说你的，我说我的。比如 A 表达了一个观点，B 表示不同意，但是 B 并不指出 A 论证中的问题，而是表达一个自己的观点。A 于是表示不同意，但是 A 也并不指出 B 论证中的问题，而是表达另一个自己的观点。

有质量的交流，双方应该完整地表述自己的观点；如果不同意对方的观点，必须指出对方观点中的问题，而不是根本不理睬对方的表述，也不指出对方表述中的问题，尽管自己说。当别人指出了其论证的谬误时，他仍然不针对对方的表述进行回应，而是再换一套说辞，说他自己的道理。

如果讨论问题是这样进行，那什么时候才能形成共识呢？什么时候才会从讨论中得到有价值的启发？

根据笔者的总结（见图 6-4），在多人交流讨论的场景，如果要让交流、讨论更有质量,首先是大家要有求真的态度,有或谬的意识,在交流讨论之前就告诉自己,"我的有些观点可能是错的",这是交流,讨论的前提。没有这个前提,交流、讨论不仅过程很难是高质量的,而且很难得出高质量的结论。

其次,多人交流时,要对价值观和概念、描述、逻辑等技术因素进行仔细的推敲和辨析,特别要避免有意或无意的偷换概念,这是多人交流时最常见的问题。概念被偷换不容易被发现,需要仔细的推敲和辨析;要学会将对方的描述具体化,以便为进一步的核实打下基础;要仔细推敲和挖掘对方的隐藏假设,这是交流中极其重要的技能。

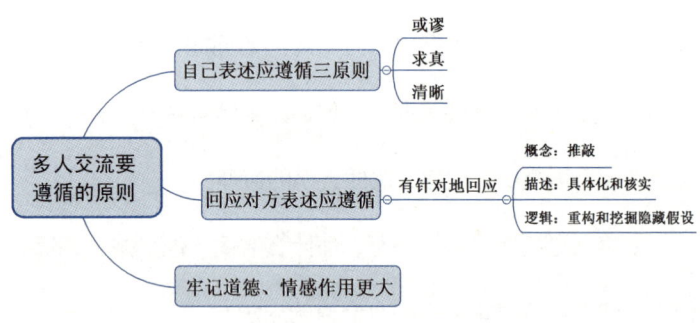

图 6-4 多人交流要遵循的原则

第三，一方面我们要遵循清晰原则进行表达，另一方面我们也要对对方的回应做出有针对性的回应，杜绝各说各话的情况。

案例：多人交流时，一定要时刻注意偷换概念的问题

赌博应该合法化，因为赌博是避免不了的。它是人类经验的重要成分，每当人们开车，或决定结婚，都是在赌博。

思考：现实中类似的表达挺常见，但其中有显而易见的谬误，你一定看出来了吧？

这个论证的标准格式是这样的。

人们每天都要赌博（冒风险）。（前提）

赌博（冒风险）是人生的重要内容。（前提）

赌博应该合法化。（结论）

这个论证中，"赌博"第一次出现时指的是碰运气的游戏，使用赌具，或两者皆备，而第二个"赌博"指的是生活的风险持性。这个关键词的词义不统一，从前提中推导出的结论当然就是错误的。

多人交流时，除了要明晰关键的概念，也需要**把一些简洁**

的表达具体化（描述类），用结构化批判性思维的步骤去表达。

案例："我们的客户想要更智能的交易系统。"

很明显，这句话缺少部分信息——这个推论是从哪里得出的？我们要问出关键的问题寻找背后隐藏的真相。我们可以问："究竟是哪些客户？"或"从哪里得知他们想要更智能的交易系统？"与简单地说"啊，我不相信"相比，这样的问题可以更理性地帮我们走出思考误区。

类似的案例是："我们的客户不接受我们的报价。"

"你从哪里发现的？""谁不接受？""哪些报价？"是表述中的三个陷阱，你可以要求对方进一步说明这三个不精确的表述。

再比如，开会时有人提出"应加强培训"。这也太空洞，需要具体化："什么员工基于什么需求提出需要什么形式什么内容什么频次什么强度的培训？"

笔者重申，一个特别重要的技能是挖出对方的隐藏假设前提，并将之表述出来。

案例：

某金融企业的经理和员工在讨论业务问题。员工认为可以去某企业对其高管进行宣讲，为其高管定制一个固定收益的产品。经理不同意员工的想法，说这样显得太功利，"我们应当先去为他们作投资理论和投资逻辑的介绍"，于是讨论就结束了。

以上场景是一个现实中极为常见的场景，由于双方不掌握高质量交流的基本技能，很可能错失商机。

思考：这个案例不难，你试试看能不能把经理的隐藏性假设挖出来？

下面我们来分析一下，经理的隐藏假设包括。

① 去推荐产品显得太功利，客户体验差。我们推荐后，客户不会感兴趣。

② 客户不懂投资理论、投资逻辑。

③ 客户会对我们介绍的投资理论、投资逻辑感兴趣。

如果我们把经理的隐藏假设挖掘出来，就会发现，其实这些隐藏假设未必经得住推敲。比如，一个收益较高且安全性较高的固定收益产品为什么不能是客户欢迎、期待的？

另外，企业高管有那么多银行、各类金融机构为之服务，难道不懂投资理论、投资逻辑，需要去企业再培训一遍？

当然，经理的考虑也有其合理的一面，即表现得太功利会削弱客户对金融产品的信任，这将降低金融产品推荐的效果。于是问题就转化为我们可否找到一个方法，既能推荐我们认为客户有需求的金融产品，又可降低客户的抵触情绪。

当然，挖掘对方的隐藏假设是一个需要在实践中不断训练才能掌握和提高的技巧。本书第四章第二节中指出，**"思维可视化＋结构化＋设计演绎论证"可以帮助我们找到隐藏的假设**。"我们知道在多方交流环节需要去挖掘对方的隐藏假设"，这是"知识"。从"知识"转化为"技能"，中间需要大量练习。特别是在很多交流场景，需要我们快速做出反应，这就要求我们迅速挖掘对方隐藏假设，不经多次练习很难做到。一些优秀的辩手和律师可以完美地掌握这项技能。

复合提问

复合提问的谬误往往发生在多人交流场景。

"为什么离异家庭的孩子要比非离异家庭的孩子在情绪上更不稳定?"这是一个复合提问,因为提问的人在问题的表述中隐含地设置了观点,在此处是,"父母离了婚的孩子,在情感上要比父母没有离婚的孩子更不稳定。"这一结论,应该在提问之前就经过了完好的论证,不然提问就是不恰当的。显然,如果隐含的观点可能不成立,要求解释就次序错乱了,然而在本案例的提问中,没有考虑到隐含观点并不成立的可能性,所以,那是在"乞求"被提问人同意那个隐含的观点为真。

我们要善于识别隐藏着预设结论的问题,并问出更好的问题。

有一篇研究证券私募基金的文章,题目是"主观为什么干不过量化",试图分析主观多头类私募基金业绩不如量化类私募基金业绩的原因。这篇文章的标题就是一个复合提问,预设了一个结论——主观多头类私募基金的业绩弱于量化类私募的业绩。其实这个被预设的结论是经不住推敲的。也许某个年份或某几个年份的量化类私募基金的平均业绩较好,但长期看未见得是事实。

本节的最后,笔者必须再次强调一下,亚里士多德说过,说服别人有三种方式,道德、情感、逻辑,其中逻辑的说服力最差。是不是很不可思议?是的,但这就是人类社会的规律。我们就举一个轻松的例子来说明,**光靠严密的逻辑来说服别人是不够的,更不要说抬杠了,你得让别人喜欢你。**

前面我们说过,人是情感动物,他一旦喜欢你,就会忽视你的缺点和逻辑错误,而一旦讨厌你,必然会对你鸡蛋里挑骨头,无限放大你的缺点。

一名办公室职员小 A 走进一个大办公室,随口说了一句"办公室前台小姑娘今天穿那个西装挺好看",就引发了一场言语攻击的"海啸"。

小 B:"你是在影射别人穿西装不好看是吗?"

小 A:"哦,不是啊!我就是觉得女生穿西装比较打眼啊。"

小 C:"男人穿西装就是平庸、无聊,跟没有品位咯?"

小 A:"不是啊,我觉得男人穿西装超帅的。"

小 D："所以说不穿西装的男人都丑呗?"

小 A："不是,你们误会我了,我就是想说那小姑娘今天打扮得挺好看的。"

小 E："女生穿什么重要吗,对女生的外表指指点点就是对她的不尊重啊!"

小 A："我没有指指点点啊,我只是觉得她今天给我感觉眼前一亮,所以我就夸了一下嘛。"

小 B："你是觉得女生就是得靠外表好看是吧?"

小 A："当然不是了,我觉得女生的内在美才最重要的。"

小 C："这里是公司,我们招人就不用看工作能力,招内在美的就好了吗?"

小 A："我不是这个意思啊,女生当然是工作能力更重要啊。"

小 E："所以你的意思是,没有工作的家庭主妇都应该去死是吧?"

小 A："我没有这个意思啊。我觉得女生不管是选择事业还是选择家庭都是她们的自由。"

小 D："哦，所以男性的话，都应该理所当然地选择事业吗？"

小 A："不是啊，男性当然也可以自由选择，以家庭为重啊，老婆孩子热炕头我觉得挺好啊！"

小 E："那现在怎样，一定要有家庭，没有老婆孩子就不行咯？"

小 A："不是啊！"

小 B："只能老婆孩子吗？老公孩子不行吗？"

小 E："必须得有孩子吗？"

小 C："一定得有热炕头吗？谁告诉你东北人家里都有炕的？"

小 B："对啊，我家就没有啊。"

小 A："对啊，你是四川人啊。"

小 B："怎么了，看不起四川人吗？"

小 A："我没有这个意思啊，人家前台小姑娘也不是东北人啊！"

小 E："所以东北女孩穿西装就不好看咯？"

小 A："我完全没有……大家就当我是嘴贱好吧，我完全没有别的意思，我就今天看到前台小姑娘我就顺嘴一夸，大家不要多想啊，而且我现在跟大家聊完以后我觉得她穿得也没有多好看，好吧？"

小 D："哦，好不好看都让你说了，谁知道你哪句真哪句假啊？"

小 C："怎么了，叫大家不要多想，所以我们刚刚都是多想咯？"

小 E："对啊，我们不能提出自己的质疑吗？"

小 A："我不是这个意思啊！"

小 B："所以你说话别人只能附和，不能提出反对意见吗？"

小 A："当然不是啦！咱们今天就当啥事都没有发生过行吧？"

小 D："为什么不说啊，心虚吗？"

小 E："肯定是咯。"

小 B："你不是爱夸别人吗，现在怎么就不说了？"

小 C："所以你说没事就没事了，这事不是你挑起来的吗？"

小 D："你这样搞得好像大家欺负你似的，那别的部门怎么看我们啊……"

以上案例源自网上一个小视频。多数人看后都觉得这个办公室一屋子杠精，只有当笔者把这个小视频给一个老兄看后，他淡淡地说了一句，"你得让别人喜欢你。"

抬杠者会说，难道我要讨每个人喜欢吗？不是很多鸡汤文说你无法做到让每个人喜欢你吗？

是的，我错了。如果大家没那么讨厌你，还是可以心平气和地讨论问题的。

四　面对问题独立思考时的结构化批判性思维训练

电视剧《狄仁杰》里有一句著名的台词,"元芳,你怎么看?"

怎么看,就是怎么"认识问题",只有认识问题到位,才有可能得出有质量的解决问题的方案。所以,科学地认识问题很重要。

要认识问题,首先要学会描述问题。笔者归纳了一些思维类研究的成果,描述问题包括但不限于以下要素。

① 描述:对现象、问题的描述。

② 边界:对有关现象、问题中涉及的要素的内涵、外延的有形和无形的约束。

③ 假设：各种显性和隐性的假设。

④ 支持因素：有利于问题解决或改善的因素。

⑤ 反对因素：不利于问题解决或改善的因素。

⑥ 参照物：人类通过比较来认知事物。参照物是认识问题时重要而易忽略的思考角度。

⑦ 出发点：万里长征从第一步开始。出发点是解决问题时重要的思考角度。

在以上描述问题的七要素中，前三条是最核心的。在描述问题的基础上，我们来拓展认识问题的高度、广度和深度。至于如何拓展认识问题的高度、广度和深度，非常复杂，需要另写一本书才能说清楚。

在面对问题独立思考的场景，尤其是在面临重要问题时，首先要做的事情是慢下来，再慢下来，认真地、高质量地进行慢思考。这其中可以运用以上普适性的认识问题的框架，也可以运用各领域中各种专业的认识问题、分析问题的框架，比如我们耳熟能详的各种工具。

六顶思考帽——有效实用的决策与沟通工具。

SWOT 分析——战略规划和竞争情报的经典分析工具。

360 度绩效考核——推进员工行为改变最有效的工具之一。

杜邦分析法——企业业绩评价体系中最为有效的工具之一。

PDCA 循环——有效控制管理过程和工作质量的工具。

SPIN 销售法——系统化挖掘客户需求的销售工具。

甘特图——最常用的项目控制管理的有效工具。

……

条目繁多。

以上思维框架是人们经过长期的实践和思考总结出来的，在专业领域运用这些思维分析框架，可以快速抓住问题的主要矛盾，提升分析问题的效率。

经过慢思考，我们努力清晰地描述自己的观点和分析过程，运用本书介绍的可视化、结构化和批判性思维的理念和方法，对自己的思维进行再思考。 总之，有质量的独立思考的过程是自己认识问题与将自己思维作为他人思维来进行批判性思考的过程的叠加。

认识问题须**避免简单的两分**（类似于避免虚假两难）。

面对两分或两难的情况,条件句的威力巨大,是一种重要的思维技巧。

例1:

某国应不应该涉足其他国家的和平行动? 在这个问题上,以下的回答都附加了一些条件,从而避免了简单的两分。

① 应该,如果某国的角色定位是维护和平而不是一场战争。

② 应该,当某国的海外经济利益面临危险的时候。

③ 不应该,国内亟待处理的问题已经多不胜数,根本不应该在其他国家浪费时间(隐藏的假设是要等某国自身问题基本解决好之后才去涉足他国和平行动)。

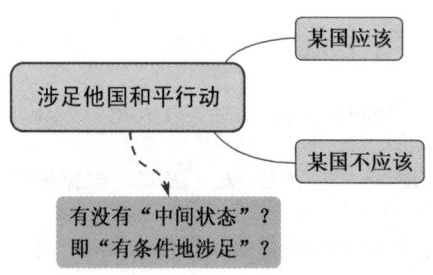

图6-5 某国是否涉足他国和平行动的分析

我们再看一个展现条件句威力的例子。

例 2:

结论：美国应该继续使用死刑作为一种惩治罪犯的形式。理由如下。

① 没有死刑，有些人犯了罪就得不到相应的处罚，特别是再次严重犯罪，比如说已经判了终身监禁的人伤害监狱看守或者同监的犯人。

② 一个人故意剥夺了他人的生命，只有以命偿命才够得上公平。

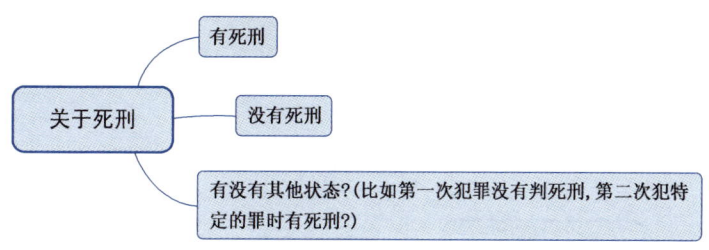

图 6-6　有关死刑的分析

如果所有的观点就是以上两条的话，我们就可以推断出，我们应当继续使用死刑，但是仅限于在其人已经被判处终身监禁在监狱服刑，而且杀害了监狱守卫或其他犯人的情况下。

这个备选的结论不仅被上述理由从逻辑上证明,它还引出一个和原始结论全然不同的新结论。

例3:

我们该不该关闭大学旁边的酒吧? 答案必然是一声振聋发聩的"要"! 自从这些酒吧开业以来,已经有十几个年轻的大学生深受酒精中毒的折磨了。

我们转为标准格式如图6-7所示:

酒吧造成多名大学生酒精中毒;(前提)

没有找到开酒吧而避免问题的方案;(前提)

我们应该关闭酒吧。(结论)

问题的结构化思考如下:

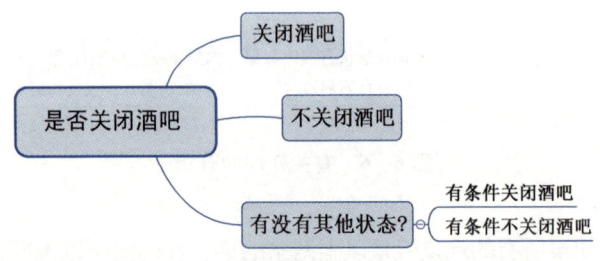

图6-7 有关是否该关闭大学旁边酒吧的分析

当我们思考如何才能有条件地继续开酒吧时，问题就变成："我们应该采取什么方法在酒吧继续营业的情况下解决一部分大学生深受酒精中毒折磨这个问题？"很可能解决方法就涌现在我们的脑海里，得出结论："不，我们不要关闭大学旁边的酒吧，相反，我们应该严格执行饮酒年龄的限制，对卖酒精饮料给未成年人的酒吧加以惩罚。"当然，按照以上结构图所提示的，我们还要思考在什么情况下酒吧仍然要被关闭，比如在没有严格执行饮酒的年龄限制时。

在以上独立思考的场景中，我们使用可视化、结构化、批判性思维的技巧，比较全面深入地研究了问题。

要得出正确结论的前提是我们**科学地分析了事物之间的相关关系和因果关系——这实际上可以理解为我们要具备结构化思维的意识和能力**。

工作重要还是健康重要？这个问题不是价值观问题，更不是心灵鸡汤，而是经济学问题。经济学有一个重要的概念叫"效用"，是一个主观的概念，反映的是个人需求满足的程度。按笔者的理解，不同价值观的人的效用曲线是不同的，而工作重要还是健康重要这个问题不是一个简单的价值观问题。据不完全统计，我国某些大城市白领中因为经常加班而处于过劳状态的接近六成，其亚健康的比例相当高。每个人都知道加班可能会损害健康，然而大多数人在工作和健康之间仍然选择了工作。有些人对此持鄙夷的态度，难道你们不知道没有健康一切都是零吗？这些人难道是集体处在一种非理性状态，都想挣钱却不要命了吗？

如果每加班1小时都一定能使寿命减少5分钟，恐怕就不会有这么多人加班了。但工作时间与健康并不是一个确定关系，而是一个概率关系。一项历时11年，跟踪考察了7 000个英国人的最新研究显示，每天工作11个小时的人患心脏病的可能性比每天工作8个小时的人高67％。这个结果听起来并不那么可怕，因为正常人患心脏病的概率本来也不高。有很多人一生劳累奔波，最后仍然长命百岁。而且那些工作很轻松、生活无压力的人有时候反而不如努力工作的人长寿。但无论如何，超时工作带来健康问题的可能性都更大。

即使如此，那些为了工作而宁可冒这个险的人也可能是相当理性的，事实上，社会经济地位越高的人，越强调工作优先。

我们每一次出行都冒着交通事故的风险，但我们还是决定冒这个险。

某些事业会使人完全忽略任何形式的计算，人们为了完成这个事业可以什么都不顾。邓稼先不是不知道核辐射，也不是不知道他的健康对国家的重要性，但他仍然选择亲自去查看核弹碎片。

如果我们用非演绎论证的方式去论证，在不同的情况下，工作与健康存在不同的对价，具体对价的数额可以进行测算。虽然每个人的价值观对上述对价影响很大，但至少说明健康不是真正无价的。

要认清世界的真相，需要我们对常规的认知进行质疑和反思——这可以理解为我们要具备批判性思维的意识和能力。

疫情期间，很多人在网上批评疫区的媒体不作为，不敢揭示真相，引发了大众对媒体功能的思考。

媒体应该怎么做呢？现实是给观众想要的东西，比给观众真相更能赚钱。

当你年轻的时候,你看着电视就会想,这里面一定有阴谋。电视台想把我们变傻。可是等你长大一点,你发现不是这么回事儿。电视台的业务就是人们想要什么它们就给什么。这个想法更令人沮丧。阴谋论还算乐观的!至少你还有个坏人可以打,而现实是电视台只不过给我们想要的东西。

我们回到前面大众的观点,媒体就是应该揭示真相,揭示事实,这是媒体行业的生命。

值得注意,以上论断是一个规范性论述,涉及价值观,因为其表述中有"应该"之类的词语。本书前面章节已经说过,一个规范性结论不可以被一个描述性事实推导出,所以其完整的论证前提中一定包含至少一个规范性假设/前提。至于这个规范性前提是什么,大家可以自己思考。

事实上,那些认为媒体应该揭示真相的人们,只不过是想看到媒体揭露大众希望看到的东西。如果某媒体给了大众不希望看到的,人们就不会接受此媒体,此媒体阅读量就会降低,久而久之,此媒体就会消失。

所以，一个优秀的媒体，擅长把真相与大众希望看到的东西完美结合在一起，但多数媒体是做不到的（见图6-8）。

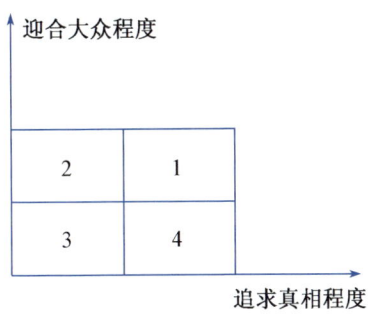

图 6-8 媒体考虑的因素

根据图6-8，第3象限的媒体是不会有的。大众认为媒体应该在第4象限，即不迎合大众、追求真相，至少在第1象限两者兼顾，可事实上多数媒体处于第2象限。

拓展问题：

1. 在分析带观点的信息的场景时，有哪些注意事项？

2. 在分析不带观点的信息的场景时，有哪些注意事项？

3. 在多人交流时，如果要使交流有质量，达到预期的效果,有哪些注意事项?

　　4. 在面对问题独立思考时,有哪些注意事项?

　　5. 在以上场景,是不是可以通过结构化批判性思维来提升思考的质量?

尾声 结构化批判性思维有助于提升创造力

1. 新想法是旧想法以新方式组合起来的

新想法来自旧想法,没有凭空的创造,所以我们要用结构化批判性思维把现有状态、旧想法搞清楚。

新想法往往来自现有要素:

A. 删减

B. 增加

C. 重新组合

D. 重新调整

……

有一个创造力思维模型法(SCAMPER),体现的就是这个理念。

奔驰法(SCAMPER)

奔驰法的具体实施可以通过一个清单来完成。清单由七个单词组成,帮助你激发联想,打开全新的视野。可以对每个联想进行验证,从而获得更多的思路。清单的具体内容如下（见图7-1）。

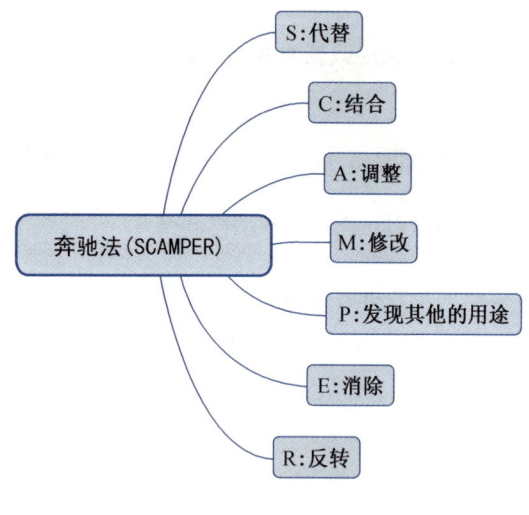

图7-1 奔驰法

- 代替（S）：哪些构成、原料、配件或人员是可以被替代的？
- 结合（C）：哪些服务、功能、想法存在相同之处并可以相互结合？
- 调整（A）：还可以补充哪些额外的要素？
- 修改（M）：颜色、大小、材料、菜单项可以改变/放大/缩小吗？哪些属性（颜色、手感、音效等）可以改变？

- 发现其他用途（P）：如何进一步利用现有的东西？
- 消除（E）：哪些要素/组成部分可以简化甚至完全消除？
- 反转（R）：可以改变现有要素的顺序吗？反过来行得通吗？

有一种观点认为，想象力比知识更重要，甚至知识是想象力的天敌，这是错误的。最高级的想象力是不自由的，最高级的创造力也是不自由的，背后都有章可循，都有其借鉴的根源。

有人认为，想象力和知识是天敌，知识的本质是科学，想象力的特征是荒诞，人在获得知识的过程中，想象力会消失，因为知识符合逻辑，而逻辑会约束想象力，而原始的想象力本可以天马行空，肆意遨游的。

其实很多人不知道，想象是附着在知识上的。儿童的确比大人更容易想象，但儿童的想象力不是"无章可循"的，人能想象自己在天上飞，是因为看到鸟在天上飞。老电影里未来世界的飞船控制室里面布满了各种键盘和指示灯，而现在的电影里全是超大超薄外加透明的触摸屏。现实生活中没有发明触摸屏，电影制作人就忘不了键盘。看似自由的想象，背后都有借鉴的根源。

武侠小说中，高手们动不动就"运功疗伤"，"功力"成了一个可以随便传递和输出的东西，这显然是受到近代物理学中"能量"概念的影响，甚至是受到电池充放电的启发。

2. 新想法来自对旧想法的突破

当我们有意识地改变现有状态，打破现有边界，突破现有框架，创造性思维就产生了。而要做突破，就要先用结构化批判性思维把旧的想法真正弄清楚，分析透，这样才知道从何处突破。

比如我们一起思考这样一个问题："如何将 200 mL 的水装进 100 mL 的杯子里？"

很多学员都会七嘴八舌抢着回答，有人说喝一半再倒、有人说换个杯子等，而每次都会从远处隐约地传来一个答案"把水冻成冰"。没错，这是这个问题的标准答案之一。而在此我们的重点是，不仅要找到答案，而且要找到分析问题的思维过程。为什么200 mL水倒进杯子里水会流出来？

因为杯子小嘛，而且又不具备像气球一样的张力，可以随着水增多而变大。

好，杯子小水一定就会往下流吗？还有什么原因？是的，因为地球有重力。

那杯子小，地球有重力，水就一定会流出来吗？还有什么原因？是的，因为水是液体。

到现在稍微总结一下水之所以会流出来无外乎三类原因（见图7-2）：第一类原因是杯子本身，比如太小或没有张力；第二类原因是外部环境，比如有地球引力；第三类原因是水本身，比如它是液体会流动。

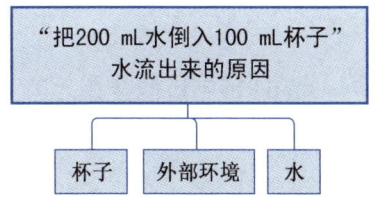

图7-2 "把200 mL水倒入100 mL杯子"问题的分析

从上图我们可以发现，创造力原来真的是有章可循的——当我们全面分析相关要素，并有意识地打破原有状态、原有边界时，创造力就产生了！如果杯子像气球一样有弹性或把场景放到太空或把水冻成冰，以上问题就解决了。

突破原本的不可能。

有学者总结了四种形式的不可能，如图7-3所示。

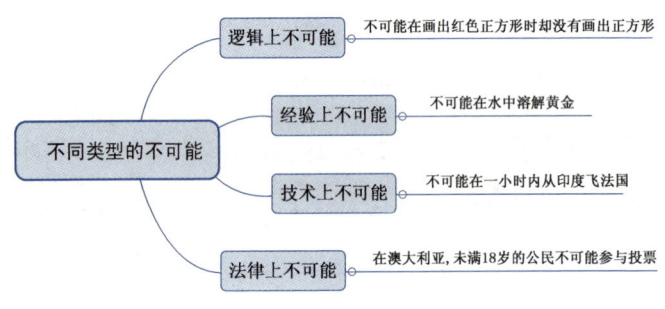

图7-3　不同类型的不可能

以上展现方式不符合MECE原则，且没有赋予结构以意义。我们将图7-3的四种不可能转化为图7-4的两类不可能：

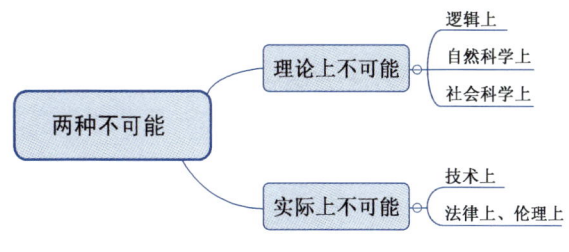

图 7-4 两种不可能

以上这些"不可能"有些是非常强的"不可能",而有些则没那么强。对有些没那么强的不可能进行突破也将产生创造性思维。

现有状态的边界、约束,可以理解为批判性思维中的各类前提包括隐藏性假设前提。 比如上面的例子中,水被隐藏地假设为液体;杯子被隐藏地假设为没有弹性的;澳大利亚的选举被隐藏地假设为遵守有关法律。

我们再举个企业经营管理方面的例子。比如公司要求完成一项任务,我们要推敲是否暗示只能用公司在编的员工,不能用外部人?暗示需要在公司的制度内行事,不能对现有制度进行突破和修改?暗示在公司的费用预算内行事,不能申请增加费用?这些看起来是在做批判性思考,但实际上为创造性思考打下了基础。

3. 当我们有了新方法/方案后，可运用结构化批判性思维帮我们分析新方法/方案的质量

下面是一个比较常见的案例。

一只旅游探险的热气球上有一位管理员兼驾驶员和五位乘客，分别是科学家、作家、歌星、官员和商人。

当气球飘到一个很宽阔、很深的湖上方时，驾驶员告诉大家一个非常不幸的消息：热气球出了故障，正在下沉，如不采取紧急措施应对，大家都会掉进湖里。由于大家都不会游泳，湖里也没有救援人员，一旦热气球掉进湖里，大家都会淹死，所以必须紧急决定，该怎么办？

经过激烈讨论，按照少数服从多数的决策方式，大家决定把一位乘客从热气球上推下去，这样，气球载着其他人就有飘到陆地逃生的机会。

接下来需要进一步投票表决，先把谁从热气球上推下去？

请问，如果你来投票，你会选择先把谁推下去？

有的人回答说应该先把官员推下去，因为很多官员是贪官。有的人回答说应该先把商人推下去,因为自古以来无商不奸……

这两种回答的逻辑如下。

前提:应该把坏人推下去。

前提:官员或商人大概率是坏人。

结论:应该把官员或商人推下去。

以上论证的形式似乎正确,但前提值得商榷。

这时,有人说,应该把胖子推下去。

对不对?

有进步,但是不准确。

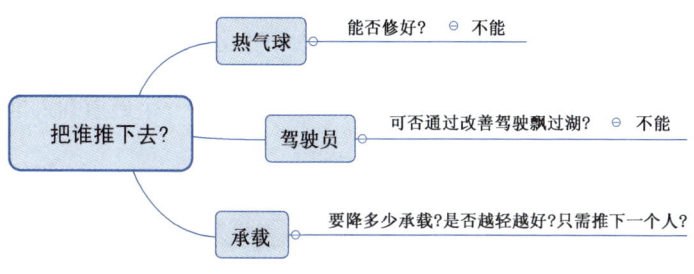

图 7-5 热气球问题的分析

为什么要把一个人推下去？因为热气球出了故障，承载能力下降，所以减少热气球的重量才是解决问题的关键，因此，应当把最重的乘客推下去！最胖的未必是最重的！

以上是一个出现在很多书上的案例。我们将之重构如下。

前提：热气球出了故障，承载能力下降，因此要降低承载。

隐藏的前提：承载越轻越好。

隐藏的前提：只能推下去一个人。

结论：要把最重的那个人推下去。

如果第二个前提和第三个前提同时成立，即承载越轻越好，且只能推下去一个人，则我们应当选择把一个最重的人推下去。如果承载轻50公斤就可以保证大家飘过这个湖，那么就未必选最重的那个。如果虽然承载越轻越好，但可以推下去两个人，那也未必选最重的那个。经过这样的分析，我们才算是大体上把这个问题搞清楚。所以，当我们想出一个新方法、新方案、新观点后，我们可以用结构化批判性思维来分析其质量如何。

拓展问题：

1. 你认为新想法来自旧想法的组合和突破吗？

2. 在实践中，尝试运用本章有代表性案例的思路来构想新办法。或者想想，那些好用的新办法是不是对旧想法的组合和突破？

3. 当新想法逐步成形后，需要用结构化批判性思维来检视它吗？如何检视？

结　语

本书用结构化思维来研究批判性思维，使批判性思维的体系更加层次分明；在批判性思维中融入了结构化思维，提升了批判性思维的高度、广度和深度；使结构化思维和批判性思维两者有机融合，更易理解、更易记忆、更易运用。在当前这个信息泛滥，人们对每个信息消化时间极短的快时代，有巨大的实用价值。

需要反复强调的是，本书研究的结构化批判性思维不仅是一种实用的知识体系，更是一种实用的技能——既然是技能，就需要在实践中随时练习，不断训练，这样才能使这项技能的运用成为一种习惯，直至在潜移默化中带来思维能力提升！

一个人掌握了结构化批判性思维方法的好处是显而易见

的：在独立思考时可以快速建立高质量的思考框架；在面对各类静态信息时可以理性、高质量地处理信息。而当很多人都掌握结构化批判性思维的技能，那整体效果将更为显著——面对现实中诸多极其复杂、令人困惑、左右两难的问题，如果参与讨论的人都能采用结构化批判性思维进行高质量的沟通，那将是多么令人期待的场景——沟通质量必将实现飞跃式的提升，通过高质量的分析导出令人惊讶的高质量的结论！笔者由衷期待更多的人掌握结构化批判性思维的技能，使上文描绘的愿景早日成为现实。

参考书目

[1] Alex Reinhart. 统计会犯错[M]. 刘乐平，译. 北京：中国工信出版社、人民邮电出版社，2016.

[2] 爱德华·戴默. 好好讲道理[M]. 刀而登，黄琳，译. 杭州：浙江大学出版社，2014.

[3] 爱德华·德·波诺. 顶思考帽[M]. 德·波诺思维训练中心，编译. 北京：新华出版社，2002.

[4] 爱德华·德·波诺. 尔特教程[M]. 德·波诺思维训练中心，编译. 北京：新华出版社，2002.

[5] 芭芭拉·明托. 金字塔原理[M]. 汪洱，高愉，译. 海口：南海出版社，2010.

[6] 布鲁克·诺埃尔·摩尔，理查德·帕克. 批判性思维[M].

朱素梅,译.北京:机械工业出版社,2018.

[7] 船川淳志.思考力决定竞争力[M].林欣仪,译.北京:化学工业出版社,2010.

[8] 丹尼尔·卡尼曼.思考,快与慢[M].胡晓娇,李爱民,何梦莹,译.北京:中信出版社,2012.

[9] 加里·R.卡比,杰弗里·R.古德帕斯特.批判性思维与创造性思维[M].韩广忠,译.北京:中国人民大学出版社,2016.

[10] 兰晓华.逻辑学入门很简单[M].北京:中国工信出版社,人民邮电出版社,2017.

[11] 理查德·H.泰勒.助推[M].刘宁,译.北京:中信出版社,2009.

[12] 李忠秋.结构思考力[M].北京:电子工业出版社,2014.

[13] 刘文君,王玉梅.逻辑学教程[M].上海:学林出版社,2020.

[14] 刘彦方.批判性思维与创造力[M].上海:学林出版社、上海人民出版社,2018.

[15] 鲁百年. 创新设计思维[M]. 北京：清华大学出版社，2015.

[16] 尼尔·布朗，斯图尔特·基利. 学会提问[M]. 北京：机械工业出版社，2019.

[17] 上田正人. 思考力[M]. 陈雪冰，译. 北京：中信出版社，2015.

[18] 孙继伟. 问题管理[M]. 北京：企业管理出版社，2014.

[19] 万维钢. 万万没想到——理科生思维看世界[M]. 北京：电子工业出版社，2014.

[20] 英格丽·葛斯特巴赫. 结构化创新[M]. 杨潇逸，姚苏阳，艾欣，译. 北京：中国工信出版社、电子工业出版社，2018.

[21] 余潇枫. 中外经典辩论选读[M]. 杭州：浙江文艺出版社，2012.

[22] 朱利安·巴吉尼，杰里米·斯唐鲁姆. 你以为你以为的就是你以为的吗？[M]. 游伟，译. 北京：北京联合出版公司，2015.

图书在版编目(CIP)数据

快时代 慢思考:结构化批判性思维训练/李响著
.— 南京:南京大学出版社,2021.8(2021.11 重印)
 ISBN 978-7-305-24254-0

Ⅰ.①快… Ⅱ.①李… Ⅲ.①思维训练 Ⅳ.①B80

中国版本图书馆 CIP 数据核字(2021)第 036751 号

出版发行	南京大学出版社
社　　址	南京市汉口路 22 号　邮　编　210093
出 版 人	金鑫荣
书　　名	快时代　慢思考 ——结构化批判性思维训练
著　　者	李　响
责任编辑	徐　媛
照　　排	南京南琳图文制作有限公司
印　　刷	南京爱德印刷有限公司
开　　本	880 mm×1230 mm 1/32 印张 11.125 字数 160 千
版　　次	2021 年 8 月第 1 版　2021 年 11 月第 2 次印刷
ISBN 978-7-305-24254-0	
定　　价	66.00 元

网址:http://www.njupco.com
官方微博:http://weibo.com/njupco
官方微信号:njupress
销售咨询热线:(025) 83594756

* 版权所有,侵权必究
* 凡购买南大版图书,如有印装质量问题,请与所购
　图书销售部门联系调换.